Piccole poesie
Per Bambini

JOSH DOUGLAS

Edizione JOSH DOUGLAS

Gusto di Piccola poesia per bambini.

I figli sono un'eredità del SIGNORE.
Salomone.

Preparazione

Vedi alcune piccole poesie preparate a beneficio dei bambini. Il creatore sa molto bene, che lui, se poeta, laggiù per pochissima fama può raggiungere, ma anche quello era uno scopo no. Si riferiva a cattive solo una utili verità così recitate in rima che non erano al di là della sensibilità infantile; e lui l'ha come questo piccolo fatto, su quello che lei desidera più facilmente, attraverso una sola lettura, potrebbe in esso la memoria stampata diventare, senza che fosse necessario essere, che da fuori sono diventati appresi; qualcosa in cui il creatore molto in cambio è, e che inoltre, singolo attraverso la lettura ripetuta,

verificarsi può.

Non ha dato motivo fino a quando non è stato formulato questo pezzo unico - che il creatore ha figli suoi, che ora sono il suo unico e più grande piacere - che si può tale

pezzi nella nostra lingua mancano - che
anche per favore per gli altri è
utile - e che lui l'alto tedesco *Lieder für*
figlio di WEISSE e il *piccolo Lieder für little*
mädchen und junglinge di G . W.
BURMAN ,di molto molto piacere, ha letto;
anche per averla molte volte su Pino via
assistita, bello che in realtà non ci sia fuori
tradotto, o ripreso ha.

  Non sono tutti adatti a bambini di quattro
o cinque anni, ma anche questo era
corretto non necessario. Gli uomini
possono eleggere te stesso, quali uomini
sui suoi figli vogliono lasciare leggere,
anche l'uomo può improvvisamente notare,
o Un bambino capisce cosa sta leggendo piuttosto
 che nL'autore li ha provati tutti, e può assicurare
che i suoi figli più grandi - un bambino di
cinque anni - molti di loro, alla prima o alla
seconda lettura, hanno capito; e quindi si
mantiene sicuro che tutti questi pezzi per
bambini, sopra i cinque e sotto i dieci anni,
sono utilizzabili. Anche non gli è permesso
nulla di male se qua e là la mente infantile
ha un po' di difficoltà a incontrarsi, e di là
fino a che a chiedere ea parlare si eccita.

Se avessi il piacere di far approvare
queste parole e con frutto fossero usate,
aggiungerei di tanto in tanto, con piacere,
una foglia a quella che attualmente non
offro ai miei connazionali. Il numero, che
attualmente concedo, è abbastanza grande,
per cui il processo è da prendere.

A due cari ragazzini

... Prima per ricompensa Un bacio o due.

A due cari ragazzini

Guarda lì, dolci spicchi! Un fascio di pezzi,
divertiti lì con te!
E salta a casa tua, ma... prima ricompensa
un
bacio o due.

Spinto dall'amore, ho cantato, e
voglio che tu ci sia di più,
tu puoi chiedere.
Quando lei per favore
arriva saltellando il tempo.

È una fortuna infantile.

Ho giocattoli, stendibiancheria, latte e pane,
una culla per dormire.

È una fortuna infantile

Sono un bambino amato da Dio,
E fino a quando la fortuna non ha creato.

L'amore è grande;
Ho giocattoli, stendibiancheria, latte e pane, A
culla per dormire.

io vivo mi sento libero;
io pelle di lussuria;
Non sono ancora al corrente di alcuna preoccupazione. Con esso gioca
Stanco,
Chiudo gli occhi di notte e dormo fino a domani sul pino.

Sia lodato Iddio per l'ampio godimento di tanti favori! Il
mio cuore e la mia bocca lo faranno ogni mattina e ogni
sera
Prezzi.

La pesca.

Quella pesca che mio padre mi ha dato, a quella io

pelle operosa.

La pesca

Quella pesca che mi diede mio padre, a quella pelle
operosa.
Ora mangio soddisfatto e felice. Quella pesca
ha un sapore più sgradevole.

L'allegria appartiene ai giovaniQuello
Spettacoli educativi a zig.
L'operosità, quella virtù infantile, sta diventando sempre
ben ricompensata.

L'amore dell'infanzia.

E vado saltellando al suo fianco', anche di

divertito e impara lui me;

L'amore dell'infanzia

Mio padre è il mio migliore amico.

Mi chiama ancora sono caro bambino. k Salvalo,
senza essere ansioso per paura.

E vado saltellando al suo fianco', Anche che si è
intrattenuto e mi ha imparato; Non può
esistere un padre migliore!

A volte sono anche cattivo, Ma se il mio vizio mi pente,
Allora il cuore di suo
padre si commuove, Allora il suo amore non parla di
rimprovero, Sì anche, quando mi castiga, Che vedo
che mi lacrimano gli
occhi.

Dovrei per disobbedienza, Che fare, che mio padre
pianga;
Lo farei sospirare e lamentarsi; No, se la mia giovinezza
fa male, allora cado presto a piedi, e dovrò chiedere
perdono a
Dio.

Alessio.

Ma se lei su, che piace, Per lei, a

gioca con, chiede, che sta diventando quella
razza d'amore ridotta;

Alessio

Alexis ama le sue sorelle, quando vive in
pace;
La chiama tu stessa sei dolcezza, se
gli darà i suoi giocattoli. Ma se lei su, che
piace, Per lei, giocare con, chiede, Allora
sta diventando Quella razza d'amore ridotta;
E se lei gli impedisce di fare la sua
volontà,che odiarla quasi completamente.
Anche lei lo sta attraversando
molto, Quando sopra di esso Attraverso
qualcuno viene lodato.

* *_{*}

Un amore, che come questa
razza raffredda, che mira malvagiamente a
proprio vantaggio, sarebbe l'amore giusto?

La vera ricchezza.

Cos'è comunque la ricchezza? cos'è l'onore?
Dio amico in essere è molto di più;

La vera ricchezza

Che il denaro non delizi le nostre giovani menti, ma la
santità e la virtù.

La sapienza è il bene più necessario; E 'gioielli dai giovani.

Cos'è comunque la ricchezza? cos'è l'onore? Una
manciata di fango vuoto.

Essere amico di Dio è molto di più;che Gesù ama, è ricco.

Vieni, cadiamo ai piedi del nostro Dio, alla virtù e alla
santità: è

così che la nostra giovane mente diventa sulla terra dieci
cieli preparati.

Allora avremo quel caro tesoro, che mai
di nuovo perisce.

Quindi camminiamo sul sentiero della virtù, e per
spaventarci per essa arrabbiati.

Impara allegramente.

Il mio cerchio, il mio pedaggio, scambio io
con libri;

Impara allegramente

Il mio gioco è imparare, il mio apprendimento
è giocare, e perché dovrei imparare
annoiandomi?

Leggere e scrivere mi diverte. Scambio il
mio cerchio, la mia punta pungente con i
libri; Voglio nelle mie impronte il mio
passatempo
cercare, è saggezza, sono virtù, spiacevoli
quali amo.

Peccato.

Chi ho mai visto indossare il dolore, k mi sento anche laggiù.

Peccato

Chi ho mai visto addolorato,k ha anche sentimenti
laggiù.
Non chiudo l'orecchio al suo lamento,ma aiutalo se
posso.

Per sollevare un uomo nel dolore, è anche per i bambini
dolce.
Chi può deridere con coloro che piangono, mostra
una mente cattiva.

Mi rallegrerei altrimenti? k
ridendo sono intelligenti?
Oh no, un nobile peccato si adatta ai miei figli
cuore.

poi mi lamenterò con i dolenti,
Loro per consolare nel loro dolore.
Aiutare a sopportare il fardello di un altro, sarà il mio
piacere.

L'operosità.

Le mie lezioni vogliono che io impari,

L'operosità

dormire a lungo al mattino, allo sbadiglio e allo
sbadiglio,
    seduto brutto per un bambino. Chi ha sempre
da capire molto, E il linguaggio pazzo vuole

applaudire, Vede raramente zig amato.

Passerei il mio tempo in mille sciocchezze?

    Non ne approfitto. Le mie classi vogliono che
io impari, I miei maestri
devo onorare, Che diventare
un uomo.

Lo specchio.

Voglio sapere chi sono,
allora la parola di Dio deve essere lo specchio,
dove il mio cuore lo sa.

Lo specchio

Chi si guarda sempre allo specchio, E zig di
la bellezza lusinga;
Non ti accorgi della vera bellezza, ma insegui la vanità
sgradevole.

Questo bicchiere ci rende orgogliosi, o ci dà dolore;
Voglio sapere chi sono,
Allora la parola di Dio deve essere lo specchio,Dove
Il mio cuore lo so.

si lamenta dei piccoli di pino William.

Ah! le mie sorelle sono morte

si lamenta dei piccoli di Pine Tree William sui morti di sono sorelle

Ah! mia sorella è morta,
   aveva solo quattordici mesi. k L'ho vista morta
nella sua scatola mentire:
   vabbè quella che era la mia sorellina fredda! k
La chiamò add: mia cara Sissy!

   Femminuccia! Femminuccia! ma per no.Ah! i suoi
occhi
   sono chiusi; Devo piangere dal dolore. Lo voglio sempre
al suo pianto,
   spargendo fiori sulla sua tomba: piangendo sui
baci pensa, che mi ha dato la cara
ragazza.
Domani lo farò - ma anche per me è pericolo a morire.

Ieri ha giocato con me; ieri ancora! e ora - già morto!

È un regalo.

k Hai insieme come questo dolce se lui

È un regalo

Madre cara! vedi una rosa lì, vicino al tuo Coosjen,
    mentre oggi sei il compleanno.
Ho cantato stamattina e ho saltato:
    come questo desideravo servire il tempo sgradevole.

Ma non posso scavare rime, devo stare zitto
    per mio fratello nella poesia.
Allora prendilo, mamma! male queste rose dal tuo
    Coosjen,
    k hai insieme come questo dolce se lui.

Piccola Chiara.

Benvenuta cara sorellina!

Benvenuto in questo per vivere!

Saluto di benvenuto di Little
Claar per la sua sorellina

Benvenuta cara sorellina!
  Benvenuto in questo per vivere!
panettiere! non posso dare un bacio alla mia sorellina?
  dare.

  Vuoi dormire? Oh lei gesso!
    Sicuramente la annoierà. Domani, se siete
svegli, io di
  voi giocherò.

Stai tranquillo, allora crescerai; Impara presto a
  camminare insieme!
Quando ti siedi in grembo a tua madre, lei giocherà?
    acquistare.

Oh! Mamatjen è così buono!
  Tutto vuole che lei dia,
Se solo i suoi figli fossero dolci e in pace
    vivere.

L'ozio.

Pregare, imparare, scrivere, leggere, giocare, lavorare ha tempo.

L'ozio

Non devo mai essere vuoto;tutto ciò che fa di lussuria
e diligenza.
Prega, impara, scrivi, leggi, per giocare, per lavorare
c'è tempo.

Anche la cara mamma non ce la fa molto, che il
tempo trascurato sta diventando.
Essere pigri, dice, è rubare il tempo e noi
vivere è così breve!

Fa cagnolini.

_ può una bestia così soddisfacente arewhat
aspetta uomo non da me!

Fa cagnolini

Quanto è grato il mio cagnolino per le piccole ossa
  e che pane!
Scodinzola, va in giro, e salta sulle mine sparate.

Mi vengono dati carne, pane e vino, e spesso
  prelibatezze:
Ma può una bestia essere così grata, Che aspettare
  l'uomo non da me!

Ha rotto il vetro.

vieni Keesje dolce! amore sul gesso,

Il vetro rotto Una narrazione

Cornelis aveva rotto un bicchiere per strada.
Sebbene avesse privato i pezzi, non conosceva
    consiglio.
Aveva paura di mentire, mentre Dio vede:
e tradirebbe la mamma ora, non potrebbe.

Rimase costernato e commosso, La madre
    viene:
Vede le lacrime nei suoi occhi, brillava
    sbalordito.
    Keesje, ha detto, che abile?
    Cosa salva lì su?
    'Amo,' ha detto, madre! in un attimo Weather
    arrabbiato fatto.

Mentre si lavorava sulle tavolozze, una volta era la finestra
    Bee it.
Ho volato il mio *volan* , attraverso i pesanti razzi,
    laggiù in esso vetro.
Ma se il tuo Keesje della sua vita non lo fa
ancora, allora vuoi perdonarlo, tu sei così buono!

Andiamo caro! smettila di gessare, ha detto la madre
quando: non voglio biasimarti per quell'errore, ha
    ricevuto un bacio.

Chi vuole sempre dire la verità, sta diventando
    ben ricompensato.
Chi cerca bugie per i suoi difetti, non cambia
    mai.'

La religiosità.

Quanto sono belle queste ghirlande!

La religiosità

Se nella cara primavera I
fiori decorano il campo, Allora raccolgo boccioli di rosa,
Viole, innamorati vergini, erbe di limone e lillà.

Poi tesserò ghirlande, e indosserò quel ter onore di
Dio, che io
viva e doni fiori. Che canto io:
Re del cielo!

Tu fai crescere le viole, Con rose, fanciulle, limoni e
lillà, Con mille mille fiori; Al tuo potere e
amore Ai bambini in mostra.

Quanto sono belle queste ghirlande su di me!
Ah non lasciarmi dimenticare
Che hai da fare per crescere!

La lepre.

Guarda Pietje! guarda, una lepre,

La lepre

Guarda Pietje! Aspetto! Una lepre, oh, che così
presto potrebbe camminare!

No, ha detto l'intelligente Pete, Vuoi che tu sia un
coniglietto, io no: k
Voglio andare piuttosto lentamente, piuttosto che
comprare un albero di pino morto.

* * *

Colui che è sempre da lodare Di abilità
Che ha

Vivi con soddisfazione e gratitudine, i regali
possono essere ben spesi.

Ma che colui che sempre s'inginocchia e
ciò che andren vuole

essere, anche ciò che ha perde, ho più
che mai letto.

Narrazione di Dorisje.

Abbiamo bevuto cioccolata e ne abbiamo chiesto cento.

Una narrazione di Dorisje

Siamo stati di recente con *Saartje* , il nostro buon
vecchio fornaio, che sa raccontare favole. Abbiamo
bevuto cioccolata e
ne abbiamo chiesto cento.

Alla fine il nostro *Saartje ha detto :* Bene, miei cari!
Tu conosci le quattro maree, cosa ti tiene meglio?

Allora mia sorella *Mietje disse*   , Quel tempo è
mia carissima, Quando gli alberi fioriscono.
Poi ottieni dei bei fiori, A grappoli appiattiti.

Poi si vedono mille uccelli cantare sui ramoscelli
verdi.
Non è in primavera?

Inverno, caro *Saartje !* Disse *Pietjen ,* è il migliore,
poi sentiamo, e beve cioccolato, o mangia waffle
spessi.

No, preferisco l'estate *Keesje* ha detto   , allora lo è
fair.Than zoccolo non ho imparato.

Ma ho detto, è meglio se la
maggior parte dei frutti sono maturi.

Quindi è bene scattare. Poi hai albicocche,
e prugne, e marasche, e pesche e pere: e
non è
autunno?

Ascoltate, bambini, disse *Saartje* , l'inverno
deve rendere fertili i campi e i giardini.

Bisogna potare gli alberi;il campo deve
essere ingrassato; Quello fa l'uomo in
inverno al pino.
Gli alberi devono fiorire, per darci frutti;
Quello che fa lei in primavera.
I frutti devono crescere; Lo fanno in estate.
Bisogna raccogliere i frutti;che fanno
l'uomo in autunno.

Così dovete voi, cari figli! In tutte le
stagioni lodate la saggia bontà di Dio, e
state bene in pace.

Gesù.
Una parte vocale.

Gesù è un amico dei bambini!

Gesù
Un pezzo di canzone Little Claar e Johnny

insieme.
Gesù è amico di un bambino! I nostri vogliono che
zig abbiano pietà. Ha preso in braccio i bambini:Gesù
è amico dei bambini!

SOLO CLAART.
Oh, se Gesù fosse ancora sulla terra! Presto volò a
me sgradevole.

JANTJE solo.
Ah era Gesù ancora sulla
terra! k Volò di voi Gesù
sgradevole a. **insieme.**
Figlio di Dio! che vive per sempre! Ascoltaci implorare,
e perdona la
nostra audacia e i nostri difetti! Figlio di Dio! che vive

per sempre! Benedici la nostra giovinezza e concedi
che spesso parliamo per mezzo tuo!

La cima galleggiante.

Non corre mai la mia cima galleggiante senza
riuscire;

La cima galleggiante

La mia cima fluttuante non corre mai senza colpi;
Perché io amo, che non corre. Ho già quello per
sconfiggere la tristezza, e devo
chiedere ad altri giocattoli.

Ma non è lo stesso con Flipje? SÌ; Non ho mai
dovuto temere i colpi, k Raramente leggevo nei
miei libri, E questo dà
anche tristezza a mio padre.

Peccato che devo imparare da una trottola, a lavorare
diligentemente senza coercizione. k Voglio, fino
alla mia punizione, mia per tutta la vita

Nessun altro giocattolo da desiderare.

Il susino.

Johnny ha un cappello pieno di prugne,

Il susinoUna narrazione Jantje una volta vide delle prugne appese, oh! se le uova sono così grandi.

Sembrava che Jantje volesse andare a raccogliere, bello sono padre lo proibiva.

Ecco, disse, né mio padre, né il giardiniere, che lo vede: A Un albero, Come questo a pieno carico, uno

non perde cinque sei prugne. Ma voglio essere obbediente, e non scegliere: cammino verso. Sarei, per una manciata di prugne secche, un essere disobbediente? NO.

Jantje andò avanti: ma suo padre, che aveva ascoltato in silenzio, lo incontrò mentre camminava davanti al sentiero di mezzo. Vieni mio piccolo Johnny, disse il padre, vieni mio piccolo tesoro!

Ora ti coglierò prugne; ora ha padre Johnny dolce.

Poi papà ha cominciato a tremare, Johnny si è ripreso all'improvviso;

Johnny si è riempito il cappello di prugne e ha camminato al galoppo.

Il mendicante.

Chi lo guarda con ammirazione, non è
spiacevole comandarlo da Gesù.

Il mendicante

Quell'uomo decrepito, che siede quasi
nudo, e tremando di freddo, chiedendomi
un centesimo, è un po' buono se io. Ben
io che
meglio?... No.

Un uomo pio e onesto indossa spesso
vestiti sporchi, voglio che anche la virtù in
onore dei poveri.
Chi lo guarda con ammirazione, non è
spiacevole comandarlo da Gesù.

La vera amicizia.

Che raramente loda, parla la lingua
dell'amico.

La vera amicizia

Un amico, che mi mostra i miei difetti,
severamente puniti e mai scusati, ha sul
mio cuore un grande potere: ma il basso
cuore che sempre lusinga, sospetto per
egoismo,
posso essere presenza non tollerare.
Chi loda raramente, parla un linguaggio
amichevole. Ciò lusinga sempre, mente
molte volte.

Seme servirà.

Davide

Preparazione

Sono troppo sensibile all'accoglienza favorevole che le mie *piccole poesie hanno avuto figli* con i miei compatrioti, piuttosto che la mia gioia e gratitudine, per questo, non lo esprimerebbero apertamente. Le dichiarazioni orali e scritte del piacere arrecato da queste mie umili fatiche, mi facevano spesso molto commuovere; Sì, spesso gridato io ape tali occasioni fuori: *lacrime scorrono dai miei occhi , cari figli, se voi mi chiedete più poesia.*

Ah! il mio cuore, così commosso, benedici Dio, che vive in eterno , che mi dà quella gioia!
Non è dunque lentezza, non è stata letargia, ch'io l'avanzamento di questa fatica si è mosso per tanto tempo. Cosa poi? - pura incapacità, miei cari compatrioti! Soprattutto come poeta, non posso lavorare quando voglio; e non appena devo sforzarmi, tutto va male. Ho aspettato allora, fino a quando ho colpito di nuovo in quella condizione, in cui ho i miei primi fabbricati; ed è il frutto di quelle ore, che ora offro di nuovo ai nostri figli; in mucchio che lo stesso per un po'
Come questo essere

permesso per favore se i primi.

Ho avuto a lungo i miei pensieri da lasciare andare, e anche solo una risorsa impiegata, ad alcune immagini d'arte con queste filastrocche anche aggiungere, quando il   , uno e via *libraio ad*   , signor ALLART *Amsterdam* ha sottolineato, laggiù fino a quando il mio piacere di passare . Le immagini passeranno sotto la mia supervisione Painter J. _ BUYS firmate, e da Heeren PUNT e VAN DER MORE saranno incise; dalla cui abilità si può vedere nelle belle immagini per le favole di Gellert; quali immagini uno, così bene se quelle favole, sulla nostra gioventù olandese non abbastanza possono

Queste immagini saranno impostate il più basso possibile e le rime, tuttavia, sono disponibili separatamente. Loro, tuttavia, che zig dalle prime e migliori stampe, purché vogliano, per favore, ape i loro librai,

o ape JOSH DOUGLAS   , ad *Amsterdam* , o ape il MERCOLEDÌ. J . V. JOSH DOUGLAS *qui* i , loro specificano i nomi; realizzerà le prime stampe a tali quanto prima possibile, diventa Consegnato.

Addio miei compatrioti! e statene certi, che io sia sempre un sensibile sarà un piacere poterlo fare

qualcosa per l'uso o il divertimento di te o dei tuoi
figli inflitti.

*　　*
　　*

Devo aggiungere qui che ci sono ragioni che mi
costringono, per nessuna copia per egt a riconoscere,
se non che attraverso le stampanti questo ha firmato
da solo
Sono.

il mercoledì J di JOSH DOUGLAS

Lottie e Keesje.

A che serve che tu sia solo in un angolo
seduto e ti lamenti.

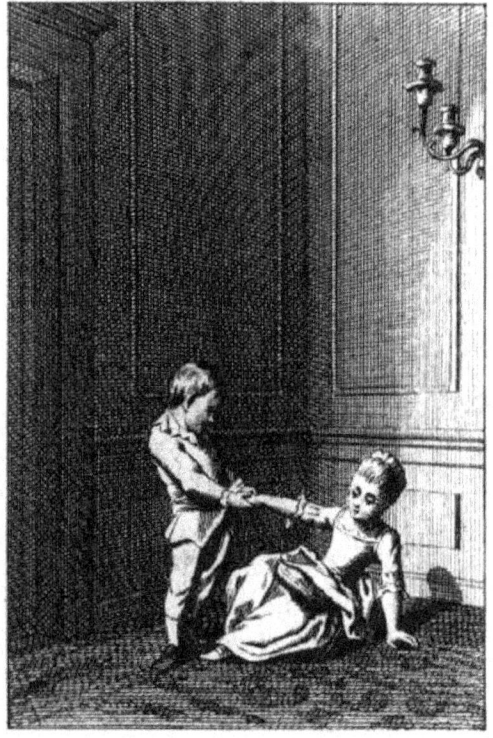

Lottie e Keesje

KEESJE
Dimmi dolce cara *Lottie* !
   qual è la causa per cui piangi: Hebtge la
tua borsa della staffa
persa o rotta, cara ragazza?

Non piangerei, caro *Keesje* ! madre dolce non
  si incontrava con il
mio cucito oh! mi ha visto di tristezza e tristezza
  On.
Sì, mi ha spinto a non baciare, così se lo fa
  sempre altrimenti.
Fidati di me! ah! che una tale madre alla mia
  la cattiveria deve piangere.

KEESJE
A che serve che tu sia solo ad An
  siediti e si lamenta.
  andate, vi farà perdonare, se
  chiedete di cambiare.

Intercederai dunque per me, guidami:

KEESJE
Si certo:

Non parlerei per *Lottie* , che le mie care
  sorelle sono.

Ma non hai bisogno di intercessione, se tua madre
  cade ai piedi,

Ti perdonerà sicuramente, mamma, lo sai
  tu, è così buono.

Yeastren lesse per entrambi
    che anche Dio perdona la colpa:k Sappi
  che lei cambierà

chiaramente, laggiù ha un tale esempio.

La salute.

Chi non ha mai abbastanza per la sua
bocca, vive raramente allegro e sano.

La salute

La salute è un grande tesoro A piacere a a
vivere.

Sebbene avessi una grande ricchezza, quale vantaggio
sarebbe dare, così
io, rosicchiato dalla paura e dal dolore, me stesso
fino a quando un peso dovette essere.

Ma accetterei il consiglio di mio padre Non coinvolgere
diligentemente?
E la gola e l'eccesso Non evitare e
dimenticato?
Chi non ha mai abbastanza per la sua bocca, vive
raramente allegro e sano.

Ragazzino e Keetje.

Impara ora prima, piuttosto che giocare a noi.

Ragazzino e Keetje

CHIARO

Sempre lavorando, sempre leggendo, che
dev'essere ben triste:
 È per questo che si vive? Keetje divertente!
giocare ora;Ah! il tempo che devi annoiarti servi
ai tuoi padroni dà.

KEET

Non lavorare mai, non leggere mai, Essere sempre
nel giardino dei pini, È per
 questo che si vive? Bambina cara, smettila di
giocare; Ah! il tempo devi annoiarti, servirti Sulle
tue bambole dà.

CHIARO

A volte giocando, a volte leggendo, Sarà meglio
essere, Keetje dolce! vieni a
giocare con me

KEET

Ti annoierà sicuramente. On at to hold by It to play:
impara
ora prima, poi a giocare a noi.

* * *

Ter più strettamente bisogno aveva Keetje questo

disse,
O il ragazzino aveva, vergognoso, le sue bambole riservate.

Ha trovato canzoni.

Che canzoni dolci e simpatiche!

Ha trovato canzoni

Ho appena trovato questo pezzo di paperk Heap che ho
letto può.
Sopra è scritto: Come! ...

L'UOMO PIACERE

Venite, bambini, sedetevi con me.k Volete cantare un canto.

La contentezza è molto più che a
stima in questo per vivere.

Anche se ho poco, ho abbastanza; Vorrei
Un uomo invidia il pino,
Che indossava sempre bei vestiti, ma pesanti
il dolore ha dovuto soffrire.

Lavorare mi mantiene sempre sano e veloce
per corpo e membri.
Mi sveglio al mattino Rinfrescato e in pace.

La fame che ho detto signorina, fammi mangiare molto più
avidamente, che
se fossi alla tavola di un re, ero giorno dopo giorno seduto.

Spesso ho l'acqua fuori una fonte di più gusto
ubriaco,

Di quanto mai il vino potesse darmi, le coppe delle api si
versarono dentro.

E il giorno è passato, vedo sorgere la sera del pino, poi
metto su una
canzone per estrarre Dio a prezzi.

Ora cari figli, vivete come me, vi rallegra in Dio
benedicendo!
Dì grazie in ogni momento, di cosa ho tanto
avuto!

*   *
*

Che canzoni dolci e dolci! Quanto piace
e mi colpisce.
Che io impari a vivere così, uomo soddisfatto! Se
voi.

La buona ambizione.

Non posso
dimenticare, ma non è il caso che accada.

La buona ambizione Uno si lamenta

di Daantje Ah me! Sono
triste, ho perso il premio Servire padre
dolce promessa aveva, A
colui che ha imparato meglio. Quel libro
con belle immagini, Di nastri di seta
verde, Ciò che desideravo Johnny
ora l'ha ottenuto; Perché sapeva scrivere
meglio, ed era più veloce che leggeva.
Sì sulle carte che poteva Le terre ei fiumi,
I mari e le città, Trovare più
velocemente di tutti.

Ma lo invidierei, e ora ancora meno
imparano?
No, loderò i suoi doni, e con più amore.

Ma ritarderò anche, il premio onorario del
pino a vincere,
che il padre ha promesso di nuovo.
me.Giocando troppo Dormendo troppo a
lungo,
Guardandomi intorno,
Quando dovevo prestare attenzione Ho
perso il prezzo del pino.

Quel libro con belle immagini, Con nastri
di seta verde Ha Johnny che ha!
Non posso
dimenticare, ma non è il caso che accada.

Il guardiano.

Avrei paura del batacchio del pino,

Il guardiano

Dovrei temere il batacchio, oh! Quel caro coraggioso
Uomo

Mi fa riposare facilmente e anche sicuro per dormire
Potere.

Madre cara! Credo fermamente che sia sui vestiti
dei ladri.

Pulito cammina attraverso il vento e la pioggia,
Cantare sta diventando non si stanca
mai: Buon Dio! dagli la tua benedizione, ma i miei
occhi si chiudono. Caro batacchio! amore l'attesa
vado
a dormire: buona notte!

Klaasje e Pietje.

Lascialo venire, se può.

Klaasje e Pietje

CLASSE

Pietje, se non vuoi fare il bravo, allora
appare l'uomo nero.

PETE

Klaasje, è una bugia! Lascialo venire se può.
Chi crede in un tale uomo, viene derubato
della mente.

Canzone d'inverno.

Ah! quante mille persone avere così tante azioni no.

Canzone d'inverno

Vedo cadere le foglie gialle, di Pino l'estate è fatta:

E l'ululato della neve e della pioggia ci annuncia
l'inverno del pino.
Ah! come mi vibrano le membra, k
Cammina Sgradevole si annida accanto al
caminetto
di Pino; Padre dice: in un tale freddo serve lì
legno né torba risparmiati.
o Abbiamo così tante scorte per il periodo invernale
del pino;
Là mi hanno messo dei vestiti caldi per Pine
i fili degli alberi si liberano dal gelo.

Pere invernali, cavoli e mele burro, carne, sì cosa
non già, già nella nostra cantina,
che noi gustosi sapori.

Posso essere grato ora, per il mio felice
quantità;
Sì, voglio vivere obbediente e tu grazie, buon Dio!

Sì voglio pensare tutto il tempo se il freddo mi
tristezza, Ah!
quante mille persone avere così tante scorte no.

Sì, voglio risparmiare un po' di soldi e cosa con la
mia abbondanza

A Un bambino povero da
dare, che deve piangere affamato.

Dio bontà.

Dio è buono, è lì che cade la pioggia
Ha disidratato il paese:

Dio bontà

Dio è buono, è lì che cade la pioggia Sulla
terra arida: Padre bagno a tale benedizione,
Senza
pioggia, Dillo,
non cresce erba né pianta.

Care gocce, cadete sulla terra! Cadi in grande
abbondanza, l'oro
non ha un tale valore per il nostro suolo.
Dio ci interroga: Dio è buono!

Sapienza di Dio.

Dio è saggio, quella dolce pioggia continua ora:

Sapienza di Dio

Dio è saggio, quella dolce pioggia continua ora: l'erba arida
  ha tanto vogt
di nuovo, se per crescere era necessario.

Sono già caduto lì sotto la pioggia
    battente, Non ho mai visto la luce del sole, Che non
  sarebbe più lungo fino alla
    benedizione, Ma fino a quando ci sarà un danno.

Dio è saggio, quella pioggia gentile trattiene il tempo: il
  terreno arido ha così
tanto vogt ora, se la saggezza di Dio ha bisogno di trovare.

La generosa rappresaglia.

k Dovrà darle con i miei beni,

La generosa rappresaglia

Tormenterei mia sorella? A quello lei me
  non ama?
Parlerei male di lei? No, penso: lei è An
    bambino!

Le darò alcune delle mie leccornie Che uva, Che
    una pera, Poi una
nocciola sei sette, E quando vuole, ancora di più.

Conquisterò il suo cuore con l'amore, Lei non è un
    bambino maligno;
Così a lungo io amerò il suo amore, finché lei in
    esso finirà anche per me.

È un bambino malato.

Le mie teste! ah! Lo fa molto!

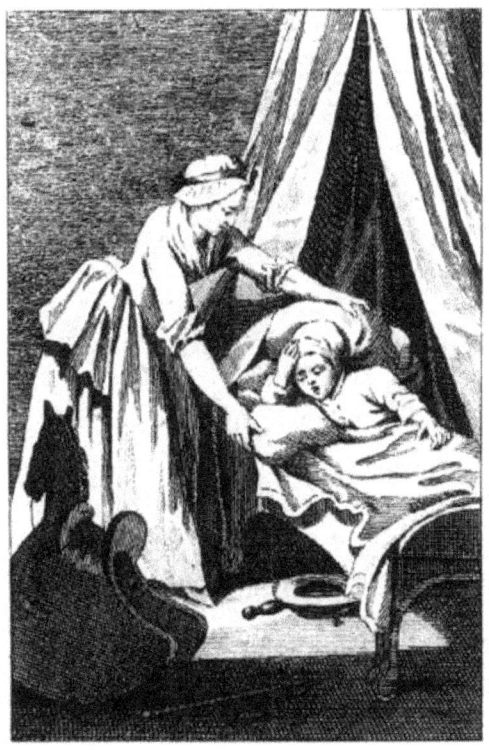

È un bambino malato

Le mie teste! ah! fa così male! Appare da An divisi; Nessun
    cavallo a dondolo
        mi diverte più; E l'uomo bello chiede, ciò che desidero mi
    disgusta mangiandolo più gustoso.

Anche se nessun bambino si trova in basso come me, la
    pace è me presa.
        E mi addormento qualche volta Un momento, Che mi
    sveglio Di uno spavento Per mezzo di quel
        brutto sogno.

Ora divento prima, per ciò che mi manca, Fino a gratitudine
    guidato: Ora sento, ma
        con tristezza, Quanto si deve a Dio,Se l'uomo sano ha
    permesso di vivere.

Ma oh! che Dio è sempre buono; voglio essere ora
    soddisfacente, e anche se
        devo soffrire dolori, paziente dire: Dio è buono!

Può farmi guarire dalle intemperie.

È un buon esempio.

Venite, miei cari, viviamo l'un l'altro utilità
e gioia!

È un buon esempio

Padre vive con nostra madresempre contento
  e contento,
Oh come si amano, non grugnire mai lei
  Se noi.

Mostra qualcosa da desiderare, che da dire
  l'altro: quello è Bene!
La madre è la migliore se fa qualcosa per il
  padre.

  Il padre cerca sempre di sapere
    qual è il desiderio della madre; E non
  può
  annoiarsi, dà al padre tristezza.

  Il padre ha dato la migliore
    pesca per ultima alla madre con un
  bacio; Ti auguro di non
  mangiare: ragazzino, faremmo questo?

  Carissima sorella, carissimi fratelli O Ci
  tende fino al rimprovero, che spesso ci
  piace questo
  battibecco; oh beh non sai come mi dispiace.

Venite, miei cari, viviamo l'un l'altro utilità e
  gioia!

Cerchiamo di seguire l'amore dei padri e
virtù delle madri.

Là solo può abitare l'amore, laggiù è solo vivere
dolcemente, dove
uno, felice e libero, l'uno per l'altro fa tutto.

Pietje e Keetje.

PIET.

Bene: ho quattro belle impronte,
KETTLE .

Ho due nastri,

Buon per lei, direttamente immagino.

Pietje e Keetje

PETE

Vieni mia cara dolce sorella, dammi un bacio, io
sono così nel mio arrangiamento!
Ho sentito da mia madre che *Camie* per
mezzo di essa verrà a
scuola, nessuno è così contento se io.

KEET

Allora pensiamo a qualcosa, per donare
A quella ragazza carissima.
Se solo le diciamo qualcosa. E nessun atto
che accompagna
Non è allegria sincera.

PETE

Bene: ho quattro belle stampe,

KEET

I due nastri,
Buon per lei, direttamente immagino.

PETE

Le farà piacere, per quanto piccolo, Da allora
non ha bisogno di chiedere, O siamo noi ma
parlare lo è.

È pazienza.

Questo ho visto l'ultima volta nel nostro gatto,

È pazienza

La pazienza è una tale virtùPer in un compito difficile

Sono gli occhi bianchi da eseguire; L'ho visto nel nostro gatto l'altro giorno, Che per ore si è tuffato stufo, Per un topo in
agguato.

Non andò finché non ebbe il ratto, catturato, nei suoi artigli.

Un giovane religioso.

Colui che Dio ama Quello che sta diventando è un bambino;

Una giovinezza religiosa rende una vecchiaia fortunata

Quello che nella sua giovinezza ha distrutto il
sentiero della virtù, e fa del bene, aspetta che il suo
vecchio albeggi.

Ma quelli sono il tempo Inutile consuma, I suoi
nuovi poteri di peccato danno, Deve, decrepito,
Tristezza aspettarsi.

Vattene, o giovane!
It path der virt, Hai
chiesto per favore, Allora sarai felice Dal rimorso libero
Il tuo vecchio all'alba.

Anche se sei una presa in giro per loro, quello
Dio
troppo cattivo abbandonato, hai molto di più
del denaro o dell'onore in
attesa.

Colui che Dio ama Quello che sta diventando è un
bambino;
E deve morire, ha chiesto o spae, lo farà
grazia
Ape Dio acquisisci.

La cinciallegra.

Ora dì che sono io stesso: non ci sono
più uccelli.

La cinciallegra

Il mio moschettone è rimasto appeso all'albero solo
per un'ora, o questa cinciallegra si è stufata lì dentro.
Poi mi sono detto: come posso catturare gli
uccelli! Questo si chiama prima a destra Un
buon inizio!

Ma ah! Sono ben le sette all'alba,
non ho visto un fringuello o una cinciallegra
in tutto quel tempo, ora sono tutto
abbattuto, ora dì che mi ape te stesso: non
ci sono più uccelli.

* * *

Che già alle grandi cose aspetta, A
che in esso inizi sono tentativi riusciti, È tanto
sciocco
    quanto è spinto alla disperazione, A che per Un
tempo per le avversità deve chinarsi.

Pietje bee It letto malato da sono sorelle.

'Buon Gesù! ascolta il mio lamento, 'E guarisci il tempo della mia sorellina.

Pietje bee It letto malato da sono sorelle

Oh quel gemito, oh quel lamentarsi, il mio tenero cuore non può indossare, Sissy

cara, sento il tuo dolore! k Vorrei che tu soffrissi,

Potrebbe liberarti dal dolore, o fino a quando non ci sarà sollievo.

Ma è al di là delle mie possibilità; Ma mi piego, di occhi piangenti,

pregando le mie ginocchia verso il basso. 'Non lasciare che la mia preghiera ti dispiaccia Buon Gesù! ascolta il mio lamento, e guarisci il tempo della mia sorellina.

Non lasciarla vivere, Ah mia madre vorrebbe morire,

Padre certamente è andato nella tomba. Mio Dio! dov'era Pietro? Nome della mia sorellina Sissy Anche i miei genitori
da me off.'

Interrogava la preghiera.

Cosa servirà il mio cuore grato ai buoni
che Dio si vendicherà?

Interrogava la preghiera

Le mie sorelle sono sane. Dio ha ascoltato la mia
preghiera! E ha fino alla nostra gioia la mia sorellina
dolce salvata.

Che cosa renderà il mio cuore grato al buon Dio?
Come questo grande Un Dio vuole Che i
ringraziamenti siano da Un bambino?
SÌ! Il padre dice che Dio è contento di questo,
Muore io la sua lode, sono già giovane, per riferire.

È un bambino dal cuore tenero.

Buon Dio! oh lasciala vivere Fino al mio
beneficio fino alla mia gioia,

È un bambino dal cuore tenero

Non onorerei mia madre, Ah, cosa non fa per me?

Qual è il mio uso posso imparare;Ben sono allegro,
lei è contenta.

Sono malato, la sento lamentarsi; E quando
lei mi fa sedere
Con un occhio sollevato in alto, che credo io, che
lei prega.

Sì che prega lei, ch'io presto permetti liberata sia
per mia furba:
Se sto meglio, con che allegria E come
appagante è il suo cuore.

La amerò sempre, Sempre facendo, che le piaccia.

Non voglio mai iniziare niente Laggiù mia madre si
lamenta.

Chiamerò il suo nome con riverenza, se scenderà
in esso tomba.
E loda per sempre la bontà di Dio, che mi ha dato
una tale madre.

Buon Dio! vabbè lasciala vivere
A mio vantaggio, con mia gioia, che

tristezza mi darebbe,Lei a mancare nella
mia giovinezza.

La disattenzione.

Un'ora per disattenzione Può far piangere
quell'uomo per settimane.

La disattenzione

Vedi Keesje! questa zanzara morta volò così
felice e veloce, ma è per indifferenza che ora
morì sulla lavagna.

Aveva un tale senso alla luce delle candele,
e volò lì dentro senza curarsi.
Ora è laggiù; ma è in congedo; Non ci sono
consigli per la zanzara ora.
Fu ingannato dalle apparenze. Oh! lasciaci
questo fino a quando non
siamo apprendisti, che, prima di fare qualcosa
di importante, bisogna pensare a lungo.
Un'ora per disattenzione Può far piangere
quell'uomo per settimane.

L'uccello sullo sgabello.

Il mio uccello, ah! mi condanna.

L'uccello sullo sgabello

Sono passate le sei o le sette all'alba,
Che io questo cisje cog di Klaas Pine tree bird
Uomo;
E sebbene all'inizio dovessi lamentarmi del mio
problema, ora non c'è nessun posto in cui sia
meglio volare.

Come progredirei se mi piacesse questo educativo
se lui!
Ma quasi piangerei. Il mio uccello, ah! mi condanna.

Voglio comportarmi così prima di allora, Che,
onorandomi finché il gioco non si arrangia,
posso chiedermi senza paura: Chi impara meglio
lì, lui o io?

**Seconda continuazione dei bambini Kleine
gedigten, di mr. JOSH DOUGLAS.**

Ai miei piccoli lettori.

Possibile che sia l'ultimo fascio;

Ai miei piccoli lettori

Non dire, mie care zeppe, che . Voi
    dimentica;
Ho qualcosa da darti Solo un'ora
    tempo trascorso.
Potrebbe essere l'ultimo pacchetto; Appartiene! ne
    hai anche abbastanza.
    È in esso numero non conveniente; E
    per più grande è quello che presto.

Leggete poco, bene, e spesso imparate meglio, nel
    vostro tempo:
libri più grandi otterrete, se saprete anche quali sono
    i più grandi.

Johnny e il coniglio.

Ne ho pochi da comprare a quel caro animale;

Johnny e il coniglio

Laggiù vedo io Un coniglio!
Che cosa sarei felice, se
lo avessi per camminare nel nostro giardino,
disse Jan: ma i miei bei soldi
già tre volte hanno contato, ho
troppo poco per comprare quel dolce animale;
E bella me questa Andateci di cuore, non
conosco consiglio! ...

* * *

BENE! allora fatti conoscere questo caso, Mio
caro Jan!
Che un bambino saggio non dovrebbe
desiderare le cose, che prima o poi sa che
non può ottenerle.

Il William che canta.

Dio, esclamò, è così buono, che devo lodarlo!

The Singing Williammorning song

When going up the sun Era
William seduto a un pozzo, Di
buon cuore, per cantare;
E non poteva più contenerlo.
Dio, gridò, è così
buono, che io devo lodare!

Potente Creatore! Ti devo, che mi sono svegliato
sano e felice.
Saggio Sovrano! Devo a Gesù che io ti conosca in Essa
prima dalla mia giovinezza.

Ti lodo la mattina, ti onorerò anche, Che tu mi
sia vantaggioso in esso per vivere mantiene;

Loda la mattina, oh possa insegnarmi, Santo e
soddisfacente a vivere sulla terra.

Essere diligente, obbediente e allegro, sono io
fino al beneficio ed è il tuo comandamento.
Gentile Creatore! chi non ti temerebbe! Chi
tu non onori, Dio onnipotente!

Da te solo devo aspettarmi tutto; Chi è se sei
abbastanza indulgente e mite.
Oggi osserverò le tue leggi;laggiù anche voi figli
volete benedire.

Il piccolo cantante

Lei cavalca voce e archi sorridenti;

**Il piccolo cantanteCanto della
sera** La luce del
soleIniziò
AIreê a

languire; La luna Ving On per
brillare più pulita che mai; quando
cara Cris,
una ragazza, immagino
di otto o nove anni, la sua piccola
cetra prese, e saltellando ape me
venne; Ha combinato ridendo la voce e le strin

Possa il sole splendere su di lei In esso West
facendo
     valli, Questo non mi rende intelligente. Dio anche
creò Pino notte per dormire, Muore loda il
mio cuore.

Quanto può essere buio, non c'è bisogno di temere
     Nel cuore della notte.Dio si prenderà cura di
io Fino a che mi aspetta il domani
Tempo allegro.

Nessun dolore mi spoglierà;
Dio vuole che io custodisca,

Sono già un bambino.
Dio mostra, attraverso di me, la vita e il cibo

dai,
come mi ama.

Lo scintillio stellato rallegrava il buio;
   La luna splendente inizia sul pascolo il suo
splendore a diffondersi, e gioca
attraverso il colpo.

Anche se non vedi i colori, gli uomini si
uniscono attraverso gli odori
   rinfrescati ovunque si vada. Sento persino
nei lillà l'usignolo di pino cantare, e ha
colpito la quaglia.

posso sollevarti, che chiudere i miei occhi
   Non preoccuparti, o mio Dio!
   Onori a dare, e grato
di vivere, è beata sorte.

La paura sbagliata.

Non c'è bisogno di aver paura, Se l'uomo intende
arrabbiarsi per fare.

La paura sbagliata

Keesje ha visto a volte gli ebrei camminare, fino a
che età! che vecchio!
 all'acquisto; Si spaventò, sì, impallidì di paura;
È strisciato via e ha iniziato a piangere. Pietje
deriso di quel rifugio; E disse ridendo: fallo se io!

Kees ha detto: non saresti allarmato, se un giorno
dovessi chiamarli?
 No, posso, allora Pietje disse: Perché dovrei sempre
avere paura? Gli uomini hanno bisogno di essere ansiosi
con gli
orfani, se l'uomo intende arrabbiarsi con il fare.

L'amore fino alla patria.

E, a volte, diventerò un uomo,
È utile sono per lui paese, se io ma essere può

L'amore fino alla patria

Già non sono che un
bambino, eppure la mia patria è molto
amata da me; ho lì da
bere e da mangiare; Ho
permesso lì l'istruzione
Ascolta da saggi maestri. Ho genitori,
amici in esso, che amo con tutto il cuore;
posso vivere lì al sicuro;
Per questo mi mostrerò grato; E, divento
io a volte un uomo, così utile sono
per la patria, se solo posso.

I ragazzi vegetariani.

Ah! nessuna follia è così grande, Che spazzare senza bisogno.

I ragazzi vegetariani

GIJSJE

Cerchiamo di risolvere questa lite, Per mezzo di un
giorno o l'altro coraggiosi insieme a spazzare!

CLASSE

non voglio; non ho alcun desiderio di battere;ma
lasciaci padre sgradevole per andare;
non voglio offenderti; Il padre ha permesso che il
verdetto si appianasse.

GIJSJE

Vigliacco, senza coraggio!

CLASSE

O! pensa prima cosa fare.

GIJSJE

k Barrel presto ape il vestito:

CLASSE

Aspetta, allora mi difenderei; k Ben Così min paura
se voi.

GIJSJE

È quello Dove, vieni che ter lei!

CLASSE

No: starò attento a questo; Ma il tuo minacciare *qui* dimenticato.

Ah! nessuna follia è così grande, Che spazzare senza bisogno.

Qui è diventata disturbata.

Papà dolce l'aveva sentito bene.

Colui che era un guerriero, e spesso nella sua vita Della sua politica e del suo coraggio aveva dato molte prove, Ha detto che è il miglior eroe; ha il più grande coraggio; Quella spazzata coraggiosa può, ma non è mai inutile.

Tempesta.

Che bello sparare laggiù giù i fulmini!

Tempesta

Com'è bello che il fulmine colpisca lì!
　Come maestoso rotola il tuono!
　Le nuvole si addensano, o vanno alla deriva
　avanti e indietro; Mentre io in quello già,
　formidabile Signore celeste!
　Vostra Maestà ammira.

　Ora è passato: un'aria fresca
　mi circonda ovunque io vada, e fa cantare gli
　uccelli. Vedo brillare di nuovi su alberi, campi e
　frutti; Ma, Dio eterno! vai
　avanti, anche nelle tue benedizioni.

　　* * *

Cosa vedo, gatto! come tremi? Ah voglio laggiù mai
　per paura! È Un dono, che Dio ci dà,
　E quindi, cara ragazza, doveva
　essere soddisfacente per Caatje.

La piccola ape
Claar il dipinto della sua defunta madre.

Quell'essere dolce e sorridente,

La piccola ape Claar il dipinto della sua defunta madre

Quando mi sono seduto Contemplando con
calma l'immagine Della mia
cara madre, Poi le mie lacrime rotolano
Costanti lungo le guance. Quella creatura
dolce e sorridente, dove la pietà e la sincerità
la grazia e la gioia come questo finito è a
leggere,
allora fammi piangere amaramente, perché
devo mancarla;io - ancora non nove anni.
Cosa non ho avuto per ore Seduto con lei
con beneficio, Quando mi giocano, It An e
altri imparati.
Ma ricorderò sempre come lei mi ape la sua
morte
Perché dura ancora a volte abbracciato.

Non riesco a pensarci E k fatelo insieme Così
per favore.

Quando ha detto: 'cara piccola Claar! Tua
madre presto morirà, e si separerà da questa
terra, affinché nel cielo gioiscano le
api gli angeli vivano; Allora ascolta le mie
ultime parole, e dammi l'ultimo bacio.

Onora Dio, ama tuo padre! Cresci in virtù e
saggezza! E sarò lieto di vivere, impara presto i

peccati che odiano.
Ma hai mai fatto del male, che deve confessare
generoso; E Dio a
Gesù donerai perdono.

Ma guarda, mia piccola Claar! Sulla terra io non di
nuovo,
vedi spesso il paradiso del pino sgradevole, e
dì: è lì che vive mia madre. ah, ho visto dopo la tua
morte anche mio figlio
apparire lì, come mi rallegrerei.

E grazie a Dio con riverenza. Per te, mio caro
Claartje!È aperto anche il cielo.

Ma vabbè; mia dolce ragazza! Sento la morte
avvicinarsi e non posso più parlare.
Addio, addio, Claartje! Laggiù, dammi l'ultimo
bacio!'

Sono sceso piangendo; Ed è durato poche ore, o
la
madre era morta.

Quando ora, seduto
Dall'immagine di mia madre, ricordando

la sua morte, che mi fa rotolare
con fermezza le lacrime che scorrono
lungo le guance. Che io chiamo,
pianto amaro, o Dio, hai quella madre a
me così presto privata, non devo
rimproverarti, quanto la
rimpiansi; No, tu sei saggio e santo, possa
io amarti,
mio caro onore di Padre, e prendere le
lezioni della madre, allora morirò con me
Bee YOU e mamma vieni.

Cosa farà quell'essere beato!

La rosa appassita.

Il Creatore, che ci conviene temere, Sta diventando Attraverso il letto mai lodato.

La rosa appassita

Perché la rosa appassisce così in fretta?
Disse Jantjen: oh o altrimenti era così!
Dio è stato anche, mi sembra, più lodato, Zoo è
aumentato più a lungo è rimasto in essere.

* * *

Anche se pensi di vederci attraverso, il mio caro
Jan! È così no.
Il Creatore sa meglio di tutti,Perché deve
cadere così rapidamente; E vuoi anche,
dat
vigilare, Come perisce la razza terrestre bella.
Il Creatore, che ci conviene temere, Sta
diventando Attraverso il letto mai lodato.

Sissy bee È clavicembalo.

Se solo potessi imparare, ho fatto del mio meglio se voi.

Sissy bee È clavicembalo

Quei bei toni mi piacciono sempre; Ho
   già qualche anno, mi
     piacerebbe cantare insieme. Quando i miei
fratelli maggiori Su di esso suona il
clavicembalo, Poi mi chiede, beffardamente, O
non mi annoio?
Che dire io, caro
   ragazzo! o Per favore, suona a lungo per me!
Posso
   anche imparare, ho fatto del mio meglio come
te. L'altro ieri era il mio compleanno,
   e mia madre allora mi ha chiesto, cosa
desideravo da
   lei; Prima le diedi un bacio, e dissi: mia dolce
mamma!
   Fammi questo favore, Che ho permesso di

imparare a suonare, E cantare alle arti.Mi ha preso in lei
braccia,
   E disse: nel nuovo anno. Ora fuoco io dal

desiderio, Ah è venuto il maestro ma.

   * * *

Il giovane è desideroso di giocare e cantare utile
   fuori,
Ed è uno stanco di imparare, che dà questo

dolce suono

Di nuovo nuova lussuria e forza;Così vive
uomo lieto e dolce;

E con gioia evita la compagnia, che spesso
vagano.

È una risposta saggia.

Egli ha su di noi sono legge fuori amore unico dato,

È una risposta saggia

Tu mi domandi perché sono ubbidiente a
Dio; è perciò che lo mostro e ben riconosco.

Egli ci ha dato la sua legge solo per amore,
di cui avremmo voluto e lieto vivere; E già
ciò
che noi che la legge proibisce, è,
comunque possa sembrare, non a nostro
vantaggio, desiderare qualcuno che essere
felice,
quel Dio obbediente di pelle alla paura.

Lo sapeva.

Non ho mai più piacere di quando faccio
il mio dovere.

Lo sapeva

Non ho mai più piacere di quando faccio il
    mio dovere.
Quindi il cibo ha un sapore migliore; allora
    posso saltare allegramente;e
canzoni felici da cantare; Ma se sono lento o
    cattivo, non sono a mio
agio; poi mi rendo conto di essere
    permanentemente
incolpato, che sono una sgualdrina, e che
    non sarò mai un uomo, facendo Zoo, diventerò possibile.

Una lettera di Carl On
sono la sorellina Caatje.

Perciò ne parlo su carta.

Una lettera di Carl On sono la sorellina Caatje

Sorella cara! Ti farò sapere, Che io, dalla tua
   partenza, sono
stato seduto nella mia stanza Ragazza dolce!
   di un torcicollo.
Ciao, ti scriverò qualche volta, perché è così
   di nuovo è così desolato,
Che devo stare sempre a casa, E che non sa di
   durata d'albero di pino.
Ho abbastanza qualcosa da parlarti;spesso
   penso che, era lei qui!
Ma quel pensiero non serve, perciò ne parlo su
   carta.
Bisogna scrivere, dice Papaatje, per un po'
   così, se un uomo
parla; Perciò, caro Caatje, racconterò TU come
   vado.
All'inizio ero scontroso, quel ClorindeYOU per
   casa e di zig prese;
Ero contento che ti amasse, ma che pisolino ad
   Amsterdam, dissi, era
   rimasta qui; Vorrei che fosse il
      mio miglior film per il dato di un nuovo
anno; Oh, siamo così
      abituati a stare insieme. Ma ciò che già
contribuì a quella lamentela, la
      sorella di Cat se n'era andata:k Turn muore, in pochi

all'alba,

    pulisci per necessità, arrivaci lentamente.

allora, attraverso di me in esso sudore a

camminare, ho pesante freddo spiritoso;

Ho dovuto pagare caro quel gioco, ah, che dolore ho
avuto:
Potrei non mangiare questo, poi quello; anche dormito
a volte non dal dolore; E
desidero continuamente sapere, o ciò
che hai fatto sarebbe.
Non mi piaceva leggere, scrivere, Sì anche nelle mie
impronte no; E
stare a letto così a lungo mi dava ogni volta molta
tristezza.
Mio padre voleva intrattenermi; Madre dolce ha fatto,
quello che potevano; Ma
dovevano smettere immediatamente,k Ero già stanco
onore che iniziavo.
Temevo che non avrebbe mai funzionato e quando io
Vuoto stufo, mi
sono preso molto di cattivo umore, mentre non avevo
più pazienza.
Alla fine ho detto: quell'essere vuoto può stare insieme
mai vantaggioso sono.
Ho preso un libro; Sono andato a leggere un po'; E ho
sentito meno dolore.
Ho anche iniziato a scrivere E quando ho visto le
stampe, Potrei restare nella mia stanza, Di
intrattenimento, Giorno di guarigione del pino.
Papà una volta mi ha visto cominciare da un piccolo
disegno,

La cara mamma è venuta lì, per vedere come è
andata da me.

k Una volta era, non vedeva, bene in pace; Non
ero scontroso come prima;k parlava di tanto in
tanto idromele; Non ho detto *sì* o
no . È consumato
I gandsche all'alba,
Pulito, ma non recuperato, ma quel mope
e che si lamentano,
Non mi ha più tormentato da allora. Papà, dillo
può più accadere, Che
io non sono prospero; Ma meno
mi addolorerò, come più laggiù ero solita.

Chi può conformarsi alla volontà di Dio, (dice lui)
con una mente calma, Gusta nella malattia anche
il piacere;
Dio è sempre spettacolo e buono.
Addio ora, care ragazze! Qualsiasi in casa nostra
desideri,
Ciò pone fine ai tuoi viaggi, se hai ricevuto questa
lettera.

Le rondini.

..... che si chiama first right on sono intrattenimento da vivere.

Le rondini Una narrazione

Kees sarebbe andato a scuola per la prima volta,
Ma era il passaggio sul marciapiede rassegnato,
O non stinco, non era bravo
pace;
E rimase, a testa alta, per un po' di stupore.
Ha visto le rondini come

questo fluttua ancora e
ancora, e ha detto, questo è chiamato vivere
rettamente prima per il proprio piacere. Un
uomo Che

zig sulla strada trovò, E Keesje capì ras, lo
tirò, già sorridendo, quali ter lati;
E disse: non sai bene che devono fare
questo, catturano mosche per nutrire i loro
piccoli, che altrimenti affamati dovevano
soffrire.
Lo chiami cattivo intrattenimento, no, Keesje!
è sbagliato Ma sai cos'è qui per te a imparare?

Possono, attraverso questo allegramente
impennata, A te Un
esempio da dare, Come fare il proprio lavoro
con diligenza e gioia; E che sta brutto, se
l'uomo ha forzato fare.

* *
 *

Vado a scuola sgradevole, ha detto Kees: quella
lezione è certamente buona!

Il Sole.

Quanto deve essere grande Dio non orfani!

Il Sole

Quando vedo risplendere il sole, quello
con i suoi dolci raggi questa terra
allegramente accarezza; Che la luce
ci fa godere, Lavorare felici, E contenti di
vivere; Che penso io, di adorazione,
quanto deve
essere grande Dio! Quel sole ha creato!

E quell'amore singolo!

È cadavere.

Miei cari figli, non abbiate paura, quando
voi morti vedete;

È cadavere

Miei cari figli, non abbiate paura, quando voi
morti vedete;
   Tremeresti davanti ai cadaveri? Vieni qui:
quest'uomo pallido e freddo, Che sentire,
vedere, né appartenere
può, Ora non si aggrappa a vivere.

Pensa e lavora - sì più di te; Ma di nessun
corpo Così se Noi.
L'anima è lontana dal suolo.
Quel Dio che ha qui temuto, è ape in cui sono
morti; E detiene
questo cadavere in valore.

Già l'anima si stacca dal suo corpo, sebbene il
cadavere discenda nell'oscura tomba, che
non devi fare il ghiaccio.
Credici, buon Dio, anche questo brutto surplus
sorgerà
un sacco di cose più pulite.

Ah, cari figli! allora non dire; Cos'è quel morire
Una tristezza!
   Posso solo vivere per sempre! Quando ami
e servi Dio, che compi il morto tu, se un
amico, in esso
per sempre felice di vivere.

E quando verrà l'ultimo giorno, Che sarà il
corpo, che laggiù giaceva,
Zig vivente spettacolo del tempo.
Poi gli angeli salpano da sotto di te cantando
sgradevole pino al paradiso, per sempre
laggiù a vivere.

Miei cari figli, non allarmatevi, quando voi
morti vedete; Tremeresti
    davanti ai cadaveri? Di' piuttosto allegro:
quest'uomo, che qui non può vedere o sentire,
ha permesso di
vivere nel paradiso dei pini.

Nidi di uccelli.

k Ora, disse lei, il mio desiderio:

Il nido d'uccello Un racconto che Mietje
ebbe una volta, mentre camminava, Un
uccello nascosto
nidifica In una siepe di spine lo trovò.
Ora ho, Zeize, il mio desiderio: oh come posso
intrattenere,
con quei dolci animaletti! Vado a casa a prendere
un po' di questa cucciolata da mettere via.

Mietje camminò e vide sua madre, che
ansimando disse:

Caro Mietje, disse la madre, non disturbare mai
insieme il nido d'uccello!
Pensa solo, come piangerebbero gli uccelli
antichi per quel disturbo; vorresti tu, dolce
femminuccia, non piangere, se uomo tu, di Pete
e Jeez,
trasportato contro la volontà; sorellina cara, abbi
pietà di quei vecchi cari uccelli!
Non cercare mai comunque il tuo piacere Nella
tristezza di Un altro.

No, disse Sissy, cara madre!
No, non quello! ma ascoltala piangere; Ah lei
per avere tanta fame!

Non pensare ragazza, disse la madre, Quello

Piangono solo per la fame di a dare, Se gli animali hanno
bisognoTi mette male in Silenzio più in basso, E presto noterai, Possano essere mosche, zanzare, vermiDa catturare e in esso lettiera da prendere. o Al buon saggio Creatore piacciono questi uccelli

Genitori, se dati a te: Questi sanno sempre meglio Di cosa hanno bisogno i bambini Perché
amano di più. Sì, non mancheranno mai di prendersi cura di loro teneramente; Perciò il loro Dio ha
creato l'amore per i loro piccoli; E non devi puntare l'essere, che il Creatore buono e buono.

Mietje ascoltava sua madre; Ma spesso è andato a vedere zagtkenTo la crescita del ragazzo, Senza cucciolate mai a disturbare.

flippy, il padre e il giardiniere.

Tuo padre ha Per favore buone pere:

flippy, il padre e il giardiniere

FLIP

Bene, perché poti gli alberi, dì leale
Pietro?
Dove quei ramoscelli darebbero frutti, uguali
vede.

IL GIARDINIERE

Un albero che sopporta troppo perde forza; Né
il frutto così piacerà, se ti aspetti.
Tuo padre ha Per favore buone pere:

IL PADRE È ben

detto: E la parte
di coloro che bramano troppo È attraverso il male.

La solitudine.

Quel divertimento ha in Esso letto, non ha bisogno
di solitudine per paura,

La solitudine

Non pensate, cari compagni di gioco! Che sia il
momento in cui devo
   addolorarmi, quando ieri mi sono seduto da solo.
   Quel divertimento ha in sé la scritta,
Non temere la solitudine Ma ci riesce sempre bene
     Amore.

Il padre dice che, le brave persone spesso sgradevoli
che le ore desiderano; spesso
   vanno nella loro stanza, nei libri vecchi e nuovi le
classi mode guardano in alto: e
questo mi sta miracolosamente acceso.

Vorrei essere saggio E divento anche Ti prego
lodato, dico, come
   mi viene: Dovrebbe esserci, quindi, da sapere
molto, Molte ore ancora consumate, Benvenuto!
Benvenuto! solitudine!

Appendice
Collaborazione tra Jacob e Henry

HENDRIK

Tu non conosci le tue classi, e saltelli comunque contento.

JACOB

Cosa colpisce Imparami?

HENDRIK

Cosa colpisce Imparami? Tu possa temere tuo Padre.

JACOB

Serve posso ben leggere.

HENDRIK Di

recente ti ha detto che sei un sempliciotto.

JACOB

Ehi! Ehi! ho ancora tempo.

HENDRIK

Ma se siete più grandi, allora sarà chiaro annoiare.

JACOB

Che ti importa poco.

HENDRIK

Molto molto; Ti ho dolce, e la paura quindi per.

JACOB

Tu sei un asino intelligente; ascoltare!

HENDRIK Ora,

il mio debito non lo sarà, vi farà avere successo da parte di mio padre.

JACOB

Tu vuoi che anche non indossi.

HENDRIK E

comunque vedere k non Per favore, che COOSJE abbia successo.

JACOB

cammina, stupido ragazzo! silenzioso.

HENDRIK

vieni, metti via il pedaggio e prendi in tempo i tuoi libri.

GIACOBBE

Devo ancora lì Sgradevole da cercare.

HENDRIK
Bene, allora; quindi no, che viene chiaro al
congedo.

JACOB
Sì, domani! Migliore amico!

HENDRIK
Addio di; è il mio momento. Non voglio essere
un muso d'osso.

JACOB
Beh, non ho niente da temere.

HENDRIK
Gioca allora, finché desideri: tu sei un figlio
sciocco.

JACOB
Cosa fa quel cazzone, bello!

* * *

Voi figli, Che questo sta leggendo, Wien vi loda
bene È di più?
Il cane da spuntino Una narrazione Un
giovane vide il cane di pino Che nella
benedizione i suoi signori stavano in
piedi Snap un pollo preso. In questo modo lui

gridò, questo momento è la mia opportunità più
memorabile; k Avere il tuo karma attualmente lunga
gelosia; Al momento
ti applaudirò in modo appropriato. Sì, fa' che tu
abbia successo, finché il tuo lamento precedente
non si posa.

Rapidamente si reca da suo padre, e cerca, che
sopra, che sono un, finché non
è stato in grado di rilassarsi. Nel momento in cui
alla fine ha visto suo padre, quando si è abbassato
ha pianto: 'Padre! OK!
Adesso Lizet non pagherai?
Quel canino che ami tanto, che prende comunque
tutto quello che trova.

Quel pollo che mia madre ha acquistato, mentre lei
compagne aveva accennato, per mangiare
con noi questa sera, Lizet l'ha seguita alla stalla;
Aveva, la quantità che ho urlato, fin d'ora Mangiato
in profondità. Quella
carta spaventosa assolutamente facoltà, che è i
tuoi cari cuccioli.'

Il papà, che ha sentito l'entusiasmo, da cui il
ragazzo fino a quando non è arrivato,

Inoltre, finché l'amarezza non avesse udito,

Quel PIETJE a volte si espande con lamento, E subito per punizione o per invidia
Zoo frettolosamente finché non veniva,
Gli disse: 'Delicatamente, mio PIETJE, delicatamente! Hai riflettuto bene sul tuo caso?

Lizet ha sicuramente finito in modo terribile, e vorrei batterla senza incertezza, eppure, ti ho visto camminare così furiosamente, irascibile
zoo, che tuo padre teme, o d'altra parte non
sei stato furioso; Non ne ho idea; Preferirei non fidarmi: Eppure fammi sapere se sei esausto Che ogni tanto tuo padre ne gioca?'

Noi PETE era tranquillo: - si spaventò, e lo stinco, era consapevole dell'obbligo; Potevi vedere la
risposta sulle sue guance.
'Però, Padre!... anzi ma...', poi, a quel punto, espresse ad alta voce: 'Che cosa aveva di piatto facendo?
Preferirebbe di gran lunga prendere dei conigli.
Nella remota possibilità che ho iniziato quello che
ha fatto allora era la mia disciplina sicuramente preparata.'

«Vieni», disse il papà, «sintonizzati, Piet!
Attualmente insalata io senza dubbio no; È
invidia che tu venga a denunciarlo; È gelosia, Pete!
poiché questo mostro a volte è stato fino a quando
non è stato.

Potresti quindi non sopportarlo? Ho mai adorato
quella creatura?
Direttamente nella remota possibilità che tu?.
Accidenti! ragazzo furioso!'

PIET sembrò umiliato, eppure versò una lacrima.
I passaggi parlati sono padre così via: "Colui
che è furioso diffonde costantemente la parola,
inoltre,
rimuove la beatitudine dalla loro disperazione, ma
non parlerà mai fino a quando il loro vantaggio non
parlerà: in effetti,
nella remota possibilità che li amasse vede, Gunt lui
la loro luce negli occhi non.

Non è un quadro delizioso? Chi ha direttamente?
Io, PETE! o d'altra parte tu?

Hai bisogno di essere ancora più furioso?'....
PIET era scoraggiato, delicatamente rovesciato; Gli
uomini hanno sentito A craps ancora singhiozzando,
Inoltre, su di esso in LA FIT leggere.
Si dice che mai una tale obiezione attraverso le
condizioni meteorologiche PETE

divenne   consegnato.

Epilogo
Storia delle origini

Verso l'inizio del 1778 il distributore di Utrecht Van Terveen distribuì * un gruppo immateriale, chiamato Proeve van Kleine Gedigten voor Kinder . Conteneva 24 sonetti, che a dire il vero in genere non occupavano più spazio di una stampa in ottavo di pagina. I contorni erano assenti, mentre la copertina non riportava il nome dell'autore. Comunque sia, c'era una breve prefazione, in cui l'oscuro scrittore ha un senso. Si rende conto che ne ha parlato, parlato da studioso, poca popolarità.

Eppure, lui, essendo lui stesso un papà di bambini piccoli, aveva bisogno di loro e di altri bambini di età compresa tra i cinque e dieci qualcosa di prezioso e allo stesso tempo comprensibile alla lettura da dare come quello che nei Paesi Bassi non prima veniva tentato e provato.

Qualcuno potrebbe prontamente ipotizzare di avere Chi era quello scrittore di giovani sconosciuti? Per ogni situazione, l'ultima opzione era assolutamente confusa

credere che stesse gestendo strofe così basilari presupporrebbe poco riconoscimento. Andando contro la norma, sono i principali sonetti della sua mano che rimangono nella memoria del pubblico olandese e che sono chiamati ape da miele È una folla straordinaria che vive per aver tenuto.

Lang ha la vulnerabilità sull'inizio dei Proeve van Kleine Sonnets for Kids, a quanto pare, non ha resistito alla prova del tempo. Poiché sempre nello stesso periodo 1778 Van Terveen distribuisce uno Spin-off con 22 sonetti in uno stile simile, sempre senza rappresentazione. Questa volta, tuttavia, l'autore ha sparso la voce se il sig. JOSH DOUGLAS ..

Il consulente legale di Utrecht, Hieronijmus van Alphen, era un bravo ragazzo intorno ai trent'anni. † Come uomo di lettere si era fatto un nome in una cerchia ristretta con un paio di cumuli di versi illuminanti e un paio di composizioni da ricercatore.

Sociale e segretamente comunque aveva fino a quel momento poco karma

* La Koninklijke Bibliotheek L'Aia tiene sotto segno. 133 M 43 uno del 1943 dalla cronaca Terveen ottenne l'assortimento di 244 nn. di 'Corrispondenza e altri pezzi

per quanto riguarda la versione di [.s] per lavorare, prevalentemente da Little Sonnet For Youngsters '. Copre il periodo 1793-1872.

† A proposito e lavoro: JOSH DOUGLAS 1973.

conosciuto. Avvocato senza lavoro, fu la sua giovane sposa il 13 agosto 1775 Johanna Maria van Goens morì in travaglio. Lo fece abbandonare da solo con tre giovani: Jantje (immerso il 7 febbraio 1773), Daniël (santificato dall'acqua l'11 settembre 1774) e Hieronijmus (sommerso il 20 agosto 1775). Quello incorniciato dalla pre-dichiarazione al Proeve van Kleine Gedigten 'ormai giusta e preminente delizia'. Anche per loro i sonetti di questi giovani furono la prima composizione composta. Inoltre, lo studio e i versi hanno dato l'interruzione fondamentale, con la quale sono fratello per matrimonio Rijklof Michael di Goens (A sibling by the dead

'Johnny') si prega di parte era in piedi se guida nella scrittura europea all'avanguardia.

Quanto inaffidabile. lui stesso in questo periodo capito rivela più chiaramente le sue richieste composte per l'esame del carattere a Johann Kaspar Lavater a Zurigo, che quando per mezza Europa avvenne l'assunzione di specialista. In ogni caso, il noto uomo rispose nel 1777 con freddezza; in precedenza aveva così tanta corrispondenza da dirigere. Dopo un anno lo stesso Van Alphen era una superstar: sia come risultato della sua Ipotesi delle arti e delle scienze espressive distribuita nel 1778 (il principale manuale olandese sullo stile attuale) * sia per essere "Vaersjes voor Kinder", basato su cui Betje Wolff lo definì "uno dei nostri virtuosi e migliori scrittori più memorabili" † citato.

Una ripubblicazione dei suoi due assortimenti di sonetti per bambini è ora apparsa dopo gli Altri, con l'obiettivo che il distributore di Terveen ha finalmente fermato dieci anni di numerazione per essere un tasso di flusso per l'opposizione misteriosa da tenere. Non ha aiutato molti, per il motivo in poco tempo scorreva anche una vasta gamma di stampe di furto con scasso. Ciò potrebbe scivolare attraverso le fessure poiché a questo punto non esisteva alcun copyright.

Più deplorevole fu il concittadino affine di Van Alphen, il preside Pieter 't Hoen (1744-1828), che prontamente imitato da Un nuovo preliminare distribuito segretamente di Klijne Sonnets For Kids scritto nel 1778-17,79 da Samuel de Waal e G. van cave Edge Jansz. si è presentato a Utrecht. L'intero composto da sei 'bit' di un totale di 126 sonetti. Abbastanza bifronte lo ha brontolato in una recensione anticipata o il bambino non aveva più la possibilità di cercarlo Attraverso Van Alphen ha garantito la continuazione del suo Proeve in modo che pote,sse farlo senza l'aiuto di nessuno. Allo stesso modo questa imitazione ha conosciuto una straordinaria fortuna: il primo pezzo ne ha vissuti quattro, il secondo tre e il terzo due. Beh, una prova che l'uomo assumendo l'artista per bambini nel 1778 su una vena d'oro esausto.

. è incidentatlly da quell'intero scambio nessun penny pointer diventa.

* Vedi per questo punto di vista Jacqueline the man 1998.

† E. coppa, sposare. A. Wolff, Sapori dell'infanzia, Amsterdam's Hague 1779, p. 59.

Si scatena a costo zero se l'hack controllato diventa e meraviglioso proprio nel suo lavoro di compagno di un bambino, testimoniano le melodiose parole nel preludio al suo gruppo successivo:

Le lacrime scorrono dai miei occhi, cari ragazzi, se me lo chiedete
più versi.

Tuttavia, il successo rinvigorisce anche l'interesse per di più, con l'obiettivo che Van Alphen si sia unito in modo proattivo alla distribuzione da questo rapido gruppo successivo implicito di scusarsi. Era, ha garantito, non per la minima esitazione che i suoi lettori sarebbero rimasti così a lungo in attesa che uno spin-off avesse dovuto guardare. La questione era che il verso stesso non forzava permettere. Aveva bisogno di come scrittore fondamentalmente resistere fino a quando non fosse tornato in quello stato in cui era stato composto per la prima volta.

Poi, a quel punto, lo sopportò a lungo termine, fino al 1782, onore. di Una seconda continuazione dei Sonetti per giovani si presentò. Questo terzo gruppo contava venti sonetti, con i quali la strofa di apertura "Ai miei piccoli lettori" min o più supponendo che la prefazione servisse. Ancora più importante, non dovrebbero pensare che Van Alphen non ricorderà loro una volta. La prova era questa, "presumibilmente" il suo "ultimo pacchetto". Di sicuro si è rivelato case.ter chiusura è diventato nel 1787 appena ancora il 66, (primo) e secondo sonetti fuori Taste Spin-off come un assortimento unito sotto il titolo Kleine Sonnets for Kids.

Inoltre, da quel momento in poi, sono stati distribuiti come un unico opuscolo.
Il distributore By Terveen aveva con quel cartellone di inizio proprio tenuto da un'incessante impaginazione dei tre pezzi separati.
Inoltre su richiesta dei 66 sonetti si sono rivelati raramente di più

alterato.

Dopo il 1782, Van Alphen non compose più sonetti per giovani, nemmeno prima che i bambini uscissero dal secondo matrimonio, nel 1781 Shut of Catherine Gertrude di Valkenburg. La sua situazione agli occhi del pubblico era completamente diversa a causa del suo accordo nel luglio 1780 con il principale funzionario legale a Utrecht. Il trambusto politico del tempo nazionalista dopo le iniziative religiose tirate è considerato ancora più fuori dalla scrittura. Wei provengono dal suo lascito nel 1836 altri due sonetti per bambini ("Cooperazione tra Jakob e Hendrik" e "Il cane che rosicchia"). venite, che qui si stampano presupponendo il supplemento informativo.

È il primo libro per bambini olandese?

La scrittura non ha diritto di brevetto, proprio come accade nel campo delle scienze applicate scienza e innovazione è la situazione.

Tuttavia Hieronijmus van Alphen ha introdotto Taste di Little Sonnet For Kids se uno scoop olandese. Legittimo o sbagliato? Ciò dipende semplicemente da ciò che intendi per libro per bambini che accetta di ascoltare.

La questione è su questo punto l'equivalente dell'ask o di Wolff and Covers History by

Miss Sarah Burger heart out 1782 potrebbe
essere chiamato il nostro romanzo
olandese più memorabile. No, nella misura
in cui ce ne sono molti in più per quell'anno
sono stati distribuiti libri olandesi unici. In
effetti, quando lo fai, implica che Sara
Burgerhart è verso l'inizio di un altro tipo
nel romanzo olandese, che sostanzialmente
varia in base a ciò che c'era prima in
quell'area al momento dell'acquisto.

Torna ora Disgreeable .s Taste di Little
Sonnet For Kids . Sicuramente è che Van
Alphen sia nella storiografia accademica
che nella valutazione generale è visto
come il padre del libro per bambini
olandese. * Ovviamente questo va oltre il
regno delle possibilità implica che i bambini
olandesi non leggono mai libri prima del
1778. Ci sono anche ottimi motivi per On
at per prenderlo nei Paesi Bassi del
diciottesimo secolo, dove l'enorme A/B/C/
o "libro del gallo" ', le Massime di Salomone
e il piccolo trapano erano nel menu di ogni
scuola popolare, gente relativamente
meno ignorante che nelle altre nazioni
europee. Per la parte di individui protestanti
qui era il Libro delle scritture che esaminava
la persona santa

obbligo. Inoltre, il materiale di lettura per uso scolastico o per la formazione domestica privata è sempre stato lì. Tali materiali mostranti sono cambiati dopo il 1778 genuino non in combattimento. Inoltre esisteva nel diciottesimo secolo anche una vasta gamma di attività ricreative per giovani e meno giovani senza distinzione di età: da modeste, di rozze xilografie impreziosite da ristampe di chiacchiere tardo medioevali come   , Reinaert Ulenspiegel o The Four   , Heemschildren ancora racconti più affermati di Esopo e Fedro, energizzanti resoconti di viaggio sul capitano della Mucca pezzata del XVII secolo, libri illustrati scritturali e profani, enigmi e assortimenti di storie fino al più modesto 'divertente cartone animato' della penny print distribuito in città. † Tutto ciò che giaceva lì in eccesso, forse non nella vetrina di una rispettabile grande libreria cittadina, ma che comunque negli infiniti piccoli negozi dove le persone oltre al loro registro cronologico o cancelleria* Vedi per l'accompagnamento: Pomes 1908; Dollaro 1950; JOSH DOUGLAS 1990, 1992, 1995 e il Catalogo dei libri scolastici e per ragazzi olandesi 1700-1800 di JOSH

DOUGLAS e Leontine JOSH DOUGLAS - Smets, Zwolle 1997.
† Vedi The Meyer 1962.

potrebbe acquistare. O probabilmente c'erano gli infiniti colportori che onoravano il periodo più freddo dell'anno, si avventuravano in ogni parte del campo nelle loro famose case e fattorie per consumare la lettura. Cosa c'è di più, quella tendenza lenta di ripubblicare frequentemente per molto tempo famosa lettura è rimasta temporanea allo stesso modo dopo il 1778 ma tranquilla saluta.

Ciononostante, c'è un contrasto centrale tra quelle convenzionali letture ricreative, Dove il piccolo ed enorme Terribile afferra, e il Gusto con cui . nel 1778 venne il giorno e in base al quale egli potrebbe legittimamente essere chiamato il Creatore dal libro dei giovani olandesi avanzati. Quella distinzione non era in esso se ammonitrice. Che un libro, indipendentemente da quanto sia coinvolgente, sia affidabile e istruttivo deve essere utilizzato per essere per tutti un caso separato. I nuovi si nascondono qui che . se stesso se prima esplicitamente fino a quando i bambini piccoli non hanno indicato An comprensibile a loro e mai prima d'ora nei Paesi Bassi in modo così

allettante ha introdotto il compito educativo.

Cosa sembrava essere questo nuovo ideale di
allenamento e come l'ha preso Van Alphen?
SU   traccia

La nuova pedagogia Nel
caso in cui papà da tre ometti diventasse
mr. JOSH DOUGLAS negli anni settanta
sembrava naturalmente uscito dalla loro
infanzia. Inoltre, il ragionamento
illuminato. C'era l'uomo che non si
sconvolgeva, se le persone si fermavano
quando ancora lo facevano spesso, per
trasmettere un incarico così profondo a
un rappresentante di spicco. Gli piaceva
organizzarsi individualmente nella
scrittura in corso, in cui venivano
generati i nuovi frammenti di conoscenza sulla scuola
L'argomento di come servire al meglio i
propri o gli altri giovani da allevare appare
dagli anni sessanta rapidamente da una
questione moderatamente chiaramente
ovvia fino allo sviluppo di una questione
pericolosa degna di nota.
Il metodo didattico (la parola d'ora in poi è
più che nuova!) Si è rivelato
inaspettatamente qualcosa su cui ogni
cittadino comune illuminato dovrebbe
insistere, alla luce del fatto che porterà
qualche beneficio sia per l'individuo che
per il paese dipendeva. Chi, nella remota
possibilità che gli ideologi dell'edificazione,
incrollabile avesse fiducia nella producibilità
di un pubblico in generale con

i residenti sensibili e quindi normalmente nobili avevano dopo il meglio una porta aperta per prevalere sull'infanzia da parte dei giovani.

Da dove è venuto fuori dal nulla quel metodo didattico illuminato come questo? Quali creator farla arrangiare? Inoltre, quali risultati ha avuto per il libro dei ragazzi olandesi? Ovviamente c'è un motivo impellente di dover incerre la risposta per molto tempo: generalmente Locke, Rousseau e Basedow (con in un punto di vista più distante Comenius) nella remota possibilità che gli inviati di questo nuovo metodo di insegnamento, che il giovane in sono scoperte di singolarità e che anche lui appare seriamente in Un nuovo libro per bambini di tipo.

Il britannico John Locke deve il suo lavoro di punta a una composizione distribuita generalmente nel 1693: Alcune considerazioni sulla scuola. il lavoro divenne nel 1753   * Esso attraverso l'interpretazione di Pieter Adriaen Verwer nuovamente alla considerazione del pubblico olandese. Locke ha posto un'enfasi straordinaria sull'apprendimento del gioco nell'opportunità, alla fine della giornata: sul gioia di apprendimento che un giovane dovrebbe avere la possibilità di avere. Un riverbero di questo suona ancora attraverso la linea del ritornello 'Il mio per giocare è imparare, il mio guadagnare è giocare' da 'Avanzare allegramente'. Quel guadagno esisteva per il noioso Locke principalmente grazie all'ottenimento di informazioni utili. Alla musica o al verso non sprecava molte parole. Come lettura dei bambini, ha suggerito in particolare i racconti di Aesop On, best of pictures.

Mentre in questo modo la composizione di Lockes negli anni Sessanta scherzava sulle condizioni meteorologiche dell'infanzia messe in atto, fece Jean Jacques Rousseau in una tonnellata di disturbo del circolo più ampio del suo Émile, ou de l'Education (1762). † In stile convincente qui si trasformò nella formazione ideale raffigurata e mostrata all'istanza del giovane Émile, che, lontano dal mondo acculturato (= rovinato), ebbe un'infanzia regolare.

Esempio fondamentale di questo libro di cricca per i Nuovi L'uomo era il adagio: lasciare betjen, non forzare nulla. Il giovane normalmente acquisirà familiarità con la verità non detta attraverso la sperimentazione seguendo il caso del suo istruttore. C'è

inoltre nessun impulso nell'educare furioso. È particolarmente fuori base riempire i bambini di informazioni reali, di cui non vedono l'utilità e l'estensione.
Tutto nasce dalla comprensione e in questo modo evita di irritare un ragazzo con rigide convenzioni. Quest'ultimo era normalmente come compromesso per la gamba dolorante presa a calci da ogni singolo insegnante cristiano.

Per stato, Rousseaus divenne Émile dopo essersi presentato l'11 luglio Consumato chiaramente a Parigi nel 1762.
In ogni caso, nel lungo periodo, l'impatto dei suoi pensieri educativi anche nei Paesi Bassi è stato ragionevole, spesso in modo indiretto attraverso le filantropie tedesche. ‡ Il loro caposquadra era Johann Bernard Basedow, il pioniere nel 1774 di It Philanthropinum a Dessau, una scuola modello dove sotto l'attenzione attenta di tutta l'Europa i pensieri illuminati sull'allenamento con la Gründlichkeit tedesca furono provati in modo interessante.

Questi standard erano: sostegno all'autoispirazione;
* Vedi inoltre
Samuel F. pickering, John Locke e i libri per bambini in Eighteenth

Century Britain , Knoxville (Ten.) 1981.
† Vedi Walter Gobbers, Jean Jacques
Rousseau in Olanda. Un'esplorazione che
sconvolge l'impatto dell'uomo e dell'opera
(ca. 1760-ca. 1810), Gand 1963; unica
parte IV: benvenuto da 'Emile'. ‡ Cfr.
AWM duijx, The philanthropies. Elenco
delle fonti di nei Paesi Bassi presenti libri
di JB Basedow, JH camp e BC G.
Salzman, Guidare il 1985.

si sta effettivamente solidificando; scuola
visiva, attrezzata per una cittadinanza
utile; formazione morale in senso cristiano
globale attraverso rappresentazioni di
conferenze; kid cordiale stima come da
Un quadro complesso da respingere e
premiare. Uno composto dallo stesso
Basedow compilato come 'libro di corso'
Elementarwerk (1774), lussuosamente
rappresentato con numerose acqueforti in
rame dal noto Daniel Chodowiecki.

Il Philanthropinum di Dessau era
essenzialmente un'organizzazione costosa,
appena ragionevole per i giovani fuori
dalla prima classe. In ogni caso, quello
che prima di tutto sorprendente trascinava
era lì intorno mostrato display: le tecniche
penetranti, le prove pubbliche di una
grande quantità di corna e chiamare e in breve tempo

scoppiano scontri tra il dittatore Basedow
e lo staff. Nei Paesi Bassi, la risposta a
questo è stata di conseguenza con
un'analisi mista per i sentimenti umanitari.
Amsterdam, nel 1781, Alexandre Des-
Londes iniziò anche una tale "Maison
d'Education" per 24 studenti secondo il
quadro di Basedow. * sulla base delle
lastre del suo Elementarwerk, gli esempi
sarebbero stati forniti in lingua francese e
olandese, geologia, storia regolare, storia,
allenamento, composizione e disegno,
mentre veniva fornito un addestramento
militare ogni giorno. La giornata scolastica
durava dalle otto alle nove del mattino,
con ƒ 65 per gli studenti esterni e ƒ 65 per
gli studenti interni che dovevano persino
pagare ƒ 105 a trimestre. In ogni caso,
sappiamo abbastanza regolarmente che
questa scuola Basedowse ad Amsterdam
ha individuato un'opportunità salvaguardata
rotonda e non sappiamo nulla dell'esecuzione praticabile
Il lavoro rudimentale di Basedows ha
anche rintracciato un solo sostenitore nei
Paesi Bassi: l'insegnante di tedesco JD
Hahn Utrecht. Interpretato è qui mai.
Più efficaci sono state le composizioni di
due diversi altruisti: Joachim Heinrich
Campe, il principale scrittore di libri per ragazzi di

questo circolo, che dopo che Basedows costrinse il decollo della linea da It Dessauer Philanthropinum dominato, e Christian Gotthilf Salzmann, che nel 1783 a Schnepfenthal proprio stabilimento istruttivo. Anche le loro storie e riflessioni etiche sono ampiamente esaminate, decifrate e alterate nei Paesi Bassi. Il loro impatto sul libro per bambini olandese sembra essere impressionante, nonostante il fatto che in realtà ci sfuggano tutte le sfumature di quell'impatto. †

* Vedi IH di Eeghen, 'Una scuola Basedowse all'avanguardia ad Amsterdam', in: rivista mensile Amstelodamum ,jrg. 48 (1961), pag.

129-132. † Si veda Erfahrung schrieb's und reicht's der Jugend. Joachim Heinrich Campe come Kinder- und Jugendschriftteller Ausstellungskatalog Staatsbibliothek Berlin, 1996; e Visionare Lebensklugheit. Joachim Heinrich Campe in seiner Zeit (1746-1816) , Wiesbaden 1996 (Ausstellungskatalog Herzog August library Wolfenbuttel).
Con tutta quella giustificabile considerazione per diverse nuove motivazioni istruttive

dal punto di vista esterno, tuttavia, non dovremmo ignorare due locali molto più esperti che coltivano costumi: un umanista cristiano, dove Felines, Van Effen e altri osservatori settecenteschi, che il giovane vede come una pianta che può essere incorniciata con delicati energia.

Per di più, un severo Migliorato, che pone tutta l'accentuazione sulla corruzione di principio da parte di ogni uomo e la trepidazione degli uomini Rispettabili considera come il metodo principale per la disciplina, * come avviene in

De Geestelycke Queeckerye delle Giovani Piante degli uomini Nobili [...] O al pacco dal Christelycke Training of Youngsters (1740) del preside di Middelburg Joannes The Swaf. Nelle due metodologie, tuttavia, la considerazione e inoltre l'adorazione lo rappresentavano incentrate sul bambino, quindi la rappresentazione frequentemente introdotta di una precedente relazione genitore-figlio indifferente ha totalmente bisogno di rimedio. † Allo stesso modo l'immagine del preside del diciassettesimo o diciottesimo secolo come un coglione prepotente con le mani libere e la gola sempre riarsa ‡

sembra non essere in eccesso Un cartone animato che attraverso gli educatori illuminati ape il loro sviluppo ostile ma fin da ora a Please è stato utilizzato.

Così risulta che il mondo dal libro dei giovani così come il paesaggio più vasto dalla formazione istruttiva è una nazione di due corsi d'acqua, dove il vecchio e il nuovo coincidono per camminare. Dai due ha . in modo sovrano utilizzato. Are Little Sonnet For Youngsters sono di tanto in tanto suggestivi per quanto riguarda il contenuto o nel loro utilizzo di immagini Locke, Rousseau e le filantropie tedesche, che clima sui vecchi felini, come nelle note qui mostrate per ogni singolo sonetto. Eppure, più lontano di un superficiale parallelismo va quella comprensione mai.
* Vedi B. Kruithof, 'Instructive Counsel from Felines to Beets, Coherence and Assortment', in: Schooling and Childhood 1983, p. 169-178; LF Groenendijk, L'ulteriore ricostruzione della famiglia IT. The vision by Peter White curd on the christian housekeeping, Dordrecht 1984.
† Sul luogo, la considerazione e la visione del giovane nel XVII e XVIII secolo

anni, un'intera biblioteca è stata riempita.

È semplicemente ovvio, tra gli altri: Linda Pollock, Neglected Children. Rapporti tra genitori e figli dal 1500 al 1900 Cambridge 1983; Keith thomas, , 'Kids in Early Present day britain', in: Gillian Avery and Juliet Briggs (ed.), Children and their books. A Festival of Crafted di Iona e Peter Opie, Oxford 1990, p. 45-77; JOSH DOUGLAS 'La piccola Repubblica; la famiglia nella scrittura olandese del XVIII 100 anni', in: D,ocumentatieblad Werkgroep Eighteenth Hundred years , jrg. 24 (1992), pag. 87-105; Sally Kevill Davies, I bambini precedenti. Il collezionismo e la storia o la cura dei giovani, Woodbridge 1994; Rudolf Dekker, Dall'ombra alla luce incredibile.

I giovani nei rapporti sull'immagine di sé dei Brilliant Cento anni fino al Sentimento
, Amsterdam 1995.

‡ [CF van Veen] in: I bambini leggono/i giovani leggon›o l'elenco degli spettacoli n. 195 del Metropolitan Exhibition Hall di Amsterdam, 1958, p. 6.

Due predecessori tedeschi: Weisse e Burmann
Van Alphen non nasconde mai altre due fonti di ispirazione diretta.

In It preview until are *Taste* called he if such Weisses *song fur Kinder* [Lipsia 1767/1769] e i *Kleine Lieder für kleine Mädchen und Jünglinge* [Berlino 1777] di Gottlob William Burmann.

Il filantropo Christian Felix Weisse (1726-1804) è stato uno dei primi scrittori filantropi in Germania Che la loro penna impiega assolutamente dieci

*

suggerito dai giovani.   Ha acquisito grande popolarità con la sua rivista settimanale *Der Kinderfreund* (1776-1782), pubblicata anche in olandese, è stata curata, mentre sono *Neues ABC Book* (1772) il nostro connazionale JanHenry Swildens ha ispirato fino a quando sono *patriottico AB Book for the Dutch Youth* (1781). Non c'è da stupirsi che Van Alphen con tale autorità in † area pedagogica sia felice

di corrispondere.

Perché ciò che il signor Hieronijmus nel 1778 per i Paesi Bassi è il primo pacchetto

poesie per bambini selvagge da testare, che Weisse nel 1767-1769 aveva già raggiunto per la Germania con i suoi *Lieder für Kinder* .

Anche il fagotto di Weisse deve essersi rivolto a Van Alphen in questo modo, perché anche il poeta tedesco era recentemente diventato padre per la prima volta e queste canzoni hanno fatto i suoi figli. Inoltre, ha trovato nelle canzoni di Weisse tutte le virtù dell'Illuminismo cristiano in un modo che fa appello ai bambini.

. di proprietà di Weisse sono *Little lyrical Poem* (Leipzig 1772), in cui sono stati registrati anche tutti i cinquantaquattro 'Lieder für Kinder'.

Van ha modificato da questo Alphen sette poesie: "Der Horsam" ("It dogs"), "Der Krausel" ('The floating top), 'Quel Freundschaft' ("La vera amicizia"), "Der Winter" ("Winter Song"), "That Mucke" ("L'insolenza"), "Auf das Bildniß einer geliebten Mutter" ("Claartje al dipinto della sua defunta madre") e "Das Bird's Nest" ("I nidi di uccelli" ').

L'ormai intero dimentica Gottlob William Burmann (1737–1805) fece‡ qualsiasi nome di favole nello stile di Gellert. Le poesie per bambini sono merci, solo se Quello di Weisse,fornito da melodie fabbricate da te. Ma ha perso il servizio di risorse visive, in modo che anche l'accordo delle api

tema l'effetto intero altrimenti sta diventando.
Invece di far parlare i suoi piccoli eroi da
bambini, li mette sempre in ogni sorta di
contemplativo astratto e prolisso.

* Vedi su Weisse e sono *bambini di pelliccia
di canzone* : Brüggemann 1982, k. 86-93 e
1250.
† Questa corrispondenza tra . e Weisse
sembra purtroppo perso se ne sono andati. ‡
Vedi
su GW Burmann e sono canzoni per bambini:
Brüggemann 1982, k. 1298-1299.

ingiallimento in bocca. Esemplare è Burmann
stato solo attraverso l'introduzione del nuovo
sentimento patriottico nella poesia per bambini.
Van ha curato dalla sua raccolta Alphen
quattro poesie: "Allgemeines bet" ("La vera
ricchezza"), "Der Mirror" ("Lo specchio"),
"Vaterlandsliebe"
("The love until It Native country") e "Thank
you one Knaben beym Witter" ("It storm").

Se metti queste undici poesie di esempio una
accanto all'altra in questo modo, Van Alphens
brilla come affluente di Weisse e Burmann no

lieve. Ma ha detto la verità, quando ha affermato che lei aveva assistito molte volte su Pine Tree away, ma che lui in realtà non aveva "tradotto o ripreso". Confronto accuratolascia presto per vedere quanto sono grandi le differenze, per cui . Se il poeta di solito vince contro Weisse e

*

certamente contro il solenne Burmann. Capisco ancora uno dei motivi per cui le poesie per bambini di Van Alphen nella vicina Germania non hanno mai guadagnato popolarità. Assomigliavano un po' troppo a quello che c'era già perché esisteva ampiamente in originale.

Aspetti letterari: E' segno di qualità dal rilievo

I sonetti dei giovani di Van Alphen variano nella struttura e nel contenuto da tutto ciò che cosa è stato scritto nei Paesi Bassi in quel periodo.

Unica è la questione di una certa importanza la struttura incinta: ancora più sorprendente dal momento che gli scrittori olandesi, in particolare nella remota possibilità che intendessero stabilire, quando a malapena conoscevano. I ritornelli di dieci, quindici strofe con molte linee guida non facevano eccezione. La lingua è anche il

molto normalmente che il breve testo attraverso una sola lettura attualmente in memoria è stato stampato.

All'interno di quell'estensione ristretta, c'è un incredibile assortimento di lunghezza della linea, struttura del ritornello, cospirazione della rima, adombramento musicale, temi e strutture del genere. Lì si scoprono storie adorabili (spesso fantastiche, fondamentalmente i sonetti più famosi, ad esempio "Il susino" e "Il bicchiere incasinato"), scambi, una lettera in rima ("Carel a sua sorella Caatje"), il collegato un caso ("Benvenuta buona novella da Claartje per il suo fratello minore"), versi ("The Singing Willem") infine quell'enorme raccolta che l'applicazione rappresentativa di una precedente creatura raffigurata o oggetto correlato è il simbolo On It (ad esempio "It canini' o 'L'uccello sullo sgabello').

*

Per la relazione vedi: Pomes 1908, p. 244-259, e van Eck Jr. 1908, p. 225-238, con estremità inversa. Secondo Pomes era in piedi. scrittore Honey Bee Weisse rispetto a Honey Bee Burman, che By Eck combatte. La misura fondamentale è il giambo o trochee, eppure in tre casi si rintraccia un'intera stanza esperta di terra e acqua. Eccezionale è "Il Willem che canta", dove (dopo una presentazione della storia in misura ordinaria di versificazione) i Willem sono un'onorevole melodia mattutina nella struttura del tributo. Allo stesso modo sorprendente è che Van Alphen anche nei sonetti dei suoi giovani non ha evitato di esplorare strade diverse per quanto riguarda i versi senza rima. A sei sonetti, sotto i quali il noto individu Il ritratto di Dorisje', aveva bisogno di una prova per trasmettere quell'uomo in determinate circostanze 'il paese lì intorno si sarebbe abituato facilmente'. * Nonostante questa varietà di forma, l'intero stabilisce in realtà una connessione estremamente omogenea a causa dell'ethos dell'Illuminazione che penetra in ogni cosa.

The Little Sonnets for Youngsters è inoltre simile a questo complicato semplice che l'uomo a malapena ha d'occhio qual è la loro qualità più unica: le notevoli risorse di Van Alphens per un linguaggio estremamente pregnante e in esso i più brevi dettagli potenziali Un design totalmente a norma, che dal delicato Alleviamento, altezza a dare.

La realtà dei giovani qui evocata è

oltre totalmente ritratta da un sentimento di felicità, di 'vivace' se parola d'ordine. Un ragazzo produttivo e prudente non ha dopotutto nulla da temere: non dal padre che è il suo "compagno più intimo"; non di Dio che ci ha chiamato 'per fare gioia', e sicuramente non dell'uomo nero. La morte inoltre non ha nulla di spaventoso e la natura è sempre grande, in ogni caso, quando è una tempesta. Tutti cavalcarono così fino all'allegria, all'apprezzamento e all'appagamento: attributi in cui gli orientamenti sessuali successivi

hanno lasciato su di loro l'impronta della ribellione nostrana, eppure quelli per l'edificato cittadino normale del diciottesimo secolo costituirono la struttura più degna di nota del karma. Allegria delle api da miele non si dovrebbe assolutamente considerare alcun tipo di diversione rumorosa, ma piuttosto quella felicità interiore e coerente che viene dalla scienza: tutto vaga in questo mondo come è stato progettato da un Dio esperto finché ho il mio obbligo di farlo.

Per un giovane proveniente dal clima della classe operaia benestante in cui lo stesso Van Alphen aveva un posto, l'ultima opzione implicava sostanzialmente: imparare le sue illustrazioni. Nonostante il fatto che non ci sia ancora una formazione legale obbligatoria esisteva e tali giovani per la maggior parte erano solo un'istruzione familiare confidenziale, il bisogno di una formazione intellettuale era comunque perfetto come sembra essere oggi. Secondo la scala del valore dell'Alleviation, era informazioni in piedi direttamente sull'eticità. Chi inetto è rimasto pasticciato allo stesso modo l'opportunità di essere una persona a pieno titolo.

Inoltre, un'ottima esecuzione delle revisioni è la premessa per l'abbondanza materiale. Comunque sottolinea. nei sonetti per bambini non c'è posto per questo punto di vista sociale. Imparare la gioia inizia le cose. L'apprendimento deve, ogni giorno; tranne che imparare è altrettanto piacevole ("Impara brillantemente"). Inoltre, niente di più divertente di A read* JOSH DOUGLAS da Alphen, Stomach related Compositions , Utrecht 1782, p. CXIX. libro di immagini decenti, per quello che i giocattoli convenzionali (banda e costo) per favore sono messi da parte. A tale decisione viene data un'ulteriore alleggerimento, in quanto abbastanza nonostante indumenti e cibo, anche i giocattoli erano considerati parte delle cose che decide la "soddisfazione innocente". In questo modo la piccola Claar garantisce nel suo "Benvenuto ciao" il suo fratellino minore che la madre lo farà

allo stesso modo acquista giocattoli per lei,
quando può sedersi sulle sue ginocchia. I
giocattoli che in alcuni casi sono qualcosa
di mediocre solo nella primissima fase,
tuttavia, dovrebbero essere scambiati per
un corso di lettura il più rapidamente
possibile? Claire e Keetje parlano di quella
parola che rivendica: "In alcuni casi per
giocare, a volte leggere, / Dat andrà bene per essere".
Gli incontri e le impressioni dei giovani di
Kleine gedigten di Van Alphen rimangono
generalmente limitati alla loro cerchia locale
di padre, madre, famiglia dei loro amici
intimi. Il rapporto familiare è centrale, grazie
al quale si conferma con veemenza il
legame di adorazione tra i tutori. Tale amore
non ha bisogno di doni costosi: 'Papà ha
dato la migliore pesca/recentemente alla
madre con un 'bacio'. Altri membri della
famiglia (nonni, zii, zie, cugini) perdono
tempo a parlare, neanche se vicini o
compagni di famiglia. Un paio di volte
sembra un custode del terreno, un altro
premuroso o uno spettatore casuale nel
teatro della mancata presenza dei padri
delle api se guidano i gradini. Eccezionale
è lo spot di alto standing Quello. premi Sul
vecchio cuoco

Saartje. L'antenato Weisse ha avuto un'opinione sconvolgente a questo punto di cui si è fidato dei sonetti per bambini "morali" Una fine per fare On "le noiose melodie da pasticcere e babysitter". * Per le fantasie dei bambini merce la maggior parte degli insegnanti di illuminazione certi ipersensibili, Betty Wolff non esclusa. . poi di nuovo ritrae chiaramente la gioia di una visita di bambini, l'ape del miele Sarah, "La nostra vecchia grande cuoca, / Chi può raccontare fantasie", 101 indirizzi di domande e i giovani sui dolcetti al cioccolato e latte.

Più pericoloso sta diventando il rapporto di individui che non fino a quando la propria cerchia ha un posto. Allegro si scopre che il guardiano della città è un cricchetto per equilibrio Un difensore del focolare e della famiglia, mentre l'ebreo di stoffa che bussa all'ingresso può anche essere lì dall'aspetto snervante ma certamente non malevolo. sembra essere più feroce il raduno per strada nel periodo più freddo dell'anno freddo con un fragile vagabondo, "che chiede una supplica da dieci centesimi".

Che sta diventando senza pensarci un secondo dato, solo se nella 'Winter Melody' si verifica Eppure costruisce solo la sensazione di apprezzamento per il proprio

prosperità e gli porta fiducia nell'organizzazione del magazzino senza alcun secondo su di esso vacillare. Perché inoltre, quando in 'It found it melodies' An sfortunato accidenti sono compimento canta e te stesso

ha un senso di non di Un uomo ricco al bisogno commercia: * 'kick the bucket abgeschmackten Lieder

der Amme und Kinderwärterin' (Christian Felix Weissens Selbstbiography , 1806, pagina 129).

Il desiderio che mi manca solo occasionalmente, Fammi mangiare un sacco di più entusiasta, Allora o io alla tavola di un signore Ero giorno dopo giorno situato.

Invertire questo tradizionalismo culturale, che un paio d'anni dopo il fatto anche nei Paesi Bassi riformatori estremisti come Gerrit Paape susciteranno pensieri e sentimenti di dissenso sociale che garantiscono un cervello illuminato. Quello nuovo

siediti sopra ogni altra cosa nella non apparenza di ogni rigoroso dottrinalismo. nonostante il fatto che lui stesso sia un cristiano proclamato, Van Alphen ha deliberatamente lasciato fuori dal pensiero questioni generalmente dottrinali di peccato unico, rivendicazione, diamine e paradiso. Tenendo conto di tutto, hanno solo un posto in un successivo periodo di scuola per venire a organizzare.

Tutto sommato, Dio diventa comprensione innocente solo nel caso in cui un papà premuroso lo raccomandasse. In questo modo potrebbe succedere che Jantje e i suoi compagni in realtà ottengano esempi di lettura, composizione, geologia ("Il grande desiderio") e suonare il clavicembalo ("Mietje bij het clavicembalo"), comunque vadano in cappella, parroco o il catechista ha salvato le permanenze.

A detta di tutti, non sono gli unici effetti collaterali di un metodo di insegnamento edificato. Identifichiamo nei sonetti per bambini .s 'L'affetto fino al paese locale' inoltre da ora nuovi sentimenti entusiastici, che, guarda caso, sono ancora liberati dalla comprensione politica del partito qui dagli anni '80, quando lealisti e orangisti affrontarono l'un l'altro a stare in piedi. In quella nuova inclinazione entusiasta si mostra Un'anima dal senso urbano Che fin d'ora l'ape del miele Dovrebbe svilupparsi bambino piccolo. È un argomento che attraverso Jan Hendrik Swildens nel suo modello Vaderlandsch Stomach muscle Book for the Dutch Youth (1781) verrà elaborato.

*

Comunque sia, chi si basa su quanto sopra

I sonetti dei giovani di Van Alphens alla scrittura dell'edificazione funzionano, ha ancora detto la dichiarazione fuorviante. Dopotutto, il pensiero illuminato sa nel diciottesimo secolo alcuni cambiamenti Tempo orrendo, natura, ombreggiatura rigorosa e grado. In questo modo l'aiuto francese della sua inclinazione dissoluta contrasta enfaticamente con l'edificazione cristiana in generale in Germania e nei Paesi Bassi, mentre l'attenuazione della metà del diciottesimo secolo, di cui Justus è semplicemente un osservatore olandese (1731-1735) Un importante delegato usato per be, molta più accentuazione sul pensiero accademico rispetto alla delicata Illuminazione degli anni settanta.

* Vedi JOSH DOUGLAS, 'Libri ABC olandesi nel diciottesimo secolo; custom and development', in: Jaap Terlinden ea, A will be a Monkey. Expositions on ABC Books of the Fifteenth 100 years until Amsterdam 1995, p. 55-72. presente ,

Come si comportano in questo senso i sonetti per ragazzi di Hieronijmus van Alphen? La risposta non può essere del tutto inequivocabile. In certi punti si rintraccia ancora il puro realismo della contemplata prudenza, come in

'De natura intraprendente':
potrei investire le mie energie in mille
banalità? k

Non avere alcun vantaggio da queste parti.
In una linea simile è anche il licenziamento

equilibrato da ogni nozione (in "Klaasje e
Pietje") con cui l'unica piccola eccellenza
che gli Altri si sforzano di raggiungere

risorse:

Pietje, se preferisci non essere eccezionale,
allora, a quel punto, si presenta la persona
di colore. Klaasje, questo è chiaramente falso!
Permettigli di venire nel caso in cui potesse.
Chi ha fiducia in un tale uomo, è per la mente

saccheggiata.
Nonostante,

Accoglienza e valutazione
Hieronijmus van Alphen si è manifestato anche come poeta scrittore di scritti letterari-teorici e come filosofo cristiano. Qui, tuttavia, va solo alle reazioni su sono poesie per bambini, per cui gli altri aspetti difficilmente giocano un ruolo. Questo semplifica Ma resta un problema di aggiramento della difficoltà: i bambini, per chi questi testi sono comunque beni destinati, vengono da sé del loro giudizio da nessuna parte subito in immagine.

Di solito misura l'uomo Buona fortuna da Un'opera letteraria prima di tutto su Numero di ristampe o traduzioni e Sulla con le corrispondenti cifre di tiratura.

Purtroppo su questo punto non siamo in possesso di fatti precisi se conseguenza della cortina fumogena posta dall'editore Van Terveen. Sappiamo solo per certo che le *Kleine Gedigten voor Kinder* fino al 1850 circa arrangiate in varie versioni sono state ristampate, mentre poco dopo è apparsa anche già in musica.

Successivamente, l'interesse diminuì drasticamente, a tal punto che un'edizione del giubileo iniziata nel 1871 (regalo *di festa per i giovani olandesi*) non pubblicò oltre due

Episodi. Fino alle pubblicazioni di Pomes e Van Eck nel 1908, le poesie per bambini "antiquate" di Van Alphen tornarono di nuovo sotto l'attenzione, dopo di che, per così dire, affrontarono una nuova vita: come una ristampa fotografica quasi autentica per acquirenti non pedagogici lezione ma Un attraente libretto regalo di valore nostalgico cercato.

Come sono stati apprezzati i contemporanei di Van Alphen e la generazione di lettori immediatamente successiva, *Small Poems for Children* e perché un improvviso "cenno del capo" per l'interesse a metà del

*

secolo precedente?

Il primo a cui Van Alphen nel 1777 presentò il suo *Proeve van Small Poem For Children,* allora non stampato , sottoposto a

essere cognato Rijklof Michael di Goens. Ciò ha trovato tutte le poesie forma e contenuto sgradevoli per l'obiettivo adatto, ma aveva la raccolta Per favore ancora ampia vista di "qualsiasi storia". Se prima dovevano diventare due Altre poesie cancellate, allora forse 'La vera amicizia' e Alexis. Quest'ultimo gli sembrava troppo "prosaico o astratto", mentre per il primo l'obiezione era che i bambini non hanno molta idea di

'coccolare' o essere 'coccoloso' 'nella frase
dell'albero di pino in cui lo concepiamo'. JOSH
DOUGLAS ha dovuto affrontare a un certo punto il processo

† alla somma con suo figlio Jantje.   Dal
fatto che Van Alphen abbia criticato le due
poesie Ordinary deve lasciare stare, per
poterci forse distrarre che almeno Un
bambino a questo sia dato di approvazione.

In una successiva lettera del 21-23 giugno
1800 pallido By Goens ancora per un po'
entusiasta se un quarto di secolo prima:
«Die *Kinderlieder* sind wahre Meisterstücke,
in ihre Art: sogut, if das best [...] was man in

‡ un cappello Sprache»Solo ora è venuto
con una curiosa argomentazione relativa al
contenuto Perché anche le poesie per
bambini sarebbero ancora preferibili a quella
di Weisse, vale a dire "wegen den Christian
Sinn, der in Pine tree Ihrigen herrscht".
Questo punto di vista testimonia tuttavia più
della religiosa Réveil, contraria allo spirito
dell'Illuminismo, attraverso il quale By
Goens quando è stata ispirata, rispetto a
quello che ha fatto On .s Small *Poem For
, Children* che proprio a causa della loro
mancanza di linee dogmatiche alcuni
recensori ortodossi aveva sollevato obiezioni.
Clarissa per

esempio, ha confessato che (con tutto il rispetto per Van Alphen) il suo verso 'En tot felicità creata' da 'La felicità infantile' era per lui difficile da conciliare

con IL calvinista
**

predestinazione.

* Tali critiche accidentali da parte dei cristiani ortodossi, nel frattempo, non hanno intaccato il minimo pregiudizio sulla sua fama di poeta per bambini. E quando l'imitazione ItBest prova è per buona fortuna, allora l'uomo può dire che le poesie per bambini per decenni lo spettacolo hanno messo in soggetto Vedi anche The Freeze 1981.

† Lettera di RM van Goens a Hieronijmus van Alphen, senza data [1777], K . B . 130 D 14.Confronta J. Wille, *L'uomo di lettere RM van Goens e la sua cerchia* . Seconda Parte, a cura di P.by der Vliet. Amsterdam 1993, pag.

246. ‡ Si veda JOSH , 'Lettere di Rijklof DOUGLAS Michael di Goens On JOSH DOUGLAS .', in: *Documentation sheet Working Group Eighteenth Century* XX /2 (1988), p. 175-176.

** Clarisse 1831-1832, p. 120.

scelta e forma. Così tanto che

tutto ciò che era olandese in quegli anni la poesia
per bambini appariva un'eco più o meno tenue di
Van Alphen profano.

A volte è diventato così anche attraverso i poeti
per bambini successivi, se Peter gallo cedrone,
Henry taglia cinture, Dirk Underwater e JFL
Muller lo riconobbe apertamente. [*]

A metà del diciannovesimo secolo, tuttavia, Van
Alphens si guadagnò la reputazione di poeta per
bambini. Un formidabile scatto attraverso l'accusa
di non infantilismo. venne lo stesso autore nel 1857
prima della stessa

udienza di nuovo sull'argomento. È come una
conferenza destinata *alla* riabilitazione

‡ *la poesia per bambini* , tuttavia, aveva più del
carattere di un oggetto di scena elaborato, passa
On It end ciò che ha temperato la simpatia di
Through An whiff per le buone intenzioni di Van
Alphen. Le obiezioni di Geneset sono note, perché
ripetute cento volte: è una buona morale di
Hendriken quella

I Van Alphen stanno sentendo l'impronta, per un po' falsa se malsana. Al posto da bambino dei bambini a sono, trampolino. stesso sopra sono pubblico giovanile.

Quest'ultimo è Certamente Dove, come aveva già nel 1798 Anonimo critico

stabilito.** Ma altrettanto vero è che la mentalità dei "ragazzi fermi, ragazzi duri" da cui The Génestet attacca presumibilmente la bontà pedante, in un ideale altrettanto legato al tempo. Questa volta non dall'Illuminismo ma dal romanzo olandese.

Il Geneset si è appellato all'attacco contro di esso secondo il modello di moda molto più realistico del ragazzo olandese che Hildebrand in *Camera oscura* avrebbe voluto delineare. Ma lo stesso Beets l'ha preso ora per . su: ciò che oggi sembrava rigido, un tempo, nel Settecento, era fresco e originale; dovevano discuterne in piedi le poesie dei bambini giudicate alla luce dal loro tempo.

How Where that also if are, It effect by The Gene imposta le critiche erano * Vedi
per questi seguaci Wirth 1925, capitolo III: 'In Van Alpha's footprint'. † PA the geneset,
'Sint Nicholas Eve. Un racconto di Amsterdam', strofa LXVII di

nota corrispondente; passo pubblicato nella ristampa da sono *First* Poems (1860). ‡ Il Geneset 1858.

** 'Molti, che per conoscenza educativa intendono avere, e anche libri su questo da scrivere, mostrano che non ne capiscono nulla. Parlano e ragionano con i bambini in tono come se avessero la stessa comprensione e conoscenza che hanno loro stessi. [...] Lei sa zig non nel luogo der bambini al set, e fino a quando i loro concetti infantili si abbassano al discendere. Di là i piccoli pedanti, nei libri per bambini a gallo cedrone, ., Perponcher e altri.' (Tavola *della morale, dell'educazione, dell'apprendimento, del gusto e dell'illuminazione, nell'ex provincia dell'Olanda, alla fine del XVIII secolo. Un contributo alla riforma, dell'istruzione e della scuola, nella Repubblica Batava. Di un' Cosmopolita ,* Amsterdam 1798, pp.58-59). che d'ora in poi *Small Gedigten for Children* di Van Alphen dovrebbe essere visto con occhi diversi. Lei merci, per dire così, da un giorno all'altro diventano antiquate. E ci vorrebbe più di mezzo secolo per onorare il loro prestigio fino a una nuova altezza

vorrebbe sorgere, ora (in ambito scientifico) come monumento storico-pedagogico, o (presso il grande pubblico) come ricordo nostalgico di un lontano passato. Un testo che raggiunge ha permesso di passare direttamente al classico da nominare.

Modalità per edizione

Le composizioni dei sonetti per bambini di Van Alphen non sono note e non è possibile assegnare senza esitazione duplicati con testo e tavole nella prima stampa. Ciò che si trova nelle prime consegne sono strutture generalmente ovvie di varie versioni di Proeve, Vervolg e Tweede Vervolg di contrasti di testo o accentuazione incidentalmente minuti. Solo la nitidezza delle iscrizioni può cambiare in modo impressionante, anche all'interno di un Inoltre, sono tali duplicati compositi delle api mellifere che normalmente rimuovono i diversi fogli di copertina e soppiantano attraverso un titolo generale.

Proprio dal momento che la versione aggregata approvata del 1787 fa una specifica normalizzazione, tuttavia questo design Occupato in duodecimo si trova attualmente alla fine del vero "Van Alphen con le linee". Questo è, ovviamente, grado significativamente più evidente per il '. dei cappucci' fuori 1821, che ha solo stima di interesse.

La versione testuale a questa passata è, quale il Gusto Re, in vista del Duplicato dalla stampa principale dell'Illustre Biblioteca (sig. 1090 E 109) e per Spinta e Seconda Continuazione sui duplicati della rilascio principale sotto il mio controllo della stampa individuale più stagionata conosciuta (forse prima) dalle lastre. Per maggiore sicurezza tutti i testi sono messi a confronto con altri primi duplicati, dove i nuovi articoli bibliografici di LG Saalmink sono un metodo significativo per controllare lo sbiancamento.

Ai due sonetti per ragazzi distribuiti dopo la morte da Clarisse seguì qui anche il primo confezionato Occupato nel 1836. *

La nostra versione testuale è interamente strategica di protezione dalla prima ortografia e accentuazione. Ciò implica che anche il verbale è collegato

Clarisse, 'Su Hieronijmus van Alphen, come scrittore e artista dei giovani. due letture, Rotterdam 1836.
sono imitate esattamente come furono inizialmente stampate. Migliorati sono un paio di evidenti errori di stampa, che poi nella spiegazione si stanno facendo notare.

Un testo con una storia di stampa così lunga si è normalmente evoluto nel corso degli anni subendo nel tempo innumerevoli modifiche attese e accidentali:

cambiamenti di ortografia, accentuazione, utilizzo delle parole e di tanto in tanto anche dai contenuti. Dal momento che lei comunque non è stata applicata dallo scrittore stesso e generalmente risale a tempi molto successivi, per averla qui su un paio di casi speciali dopo che il pensiero esterno se n'è andato. Quel caso speciale Re la versione del raccoglitore 1787, Dove . probabilmente ancora bene ha sostenuto. Nella misura in cui ciò che contrastava con i tre individui precedenti sembravano branchi fino a quando non si sono verificate variazioni significative, è inoltre mostrato nella nostra spiegazione.

Per quanto strano possa sembrare: i sonetti per bambini di Van Alphen, nonostante il loro posto fisso nel gruppo dalla scrittura olandese, non si sono mai presentati prima in una struttura chiarita. La loro evidente disinvoltura rendeva evidentemente per alcuni ogni chiarimento superfluo. Nel frattempo, quella coerenza chiaramente evidente è ormai diventata una finzione. Si potrebbe esprimere che con una figura retorica così basilare lo scorrimento del significato della parola e in questo modo la distanza psicologica tra testo e utente è più chiaramente evidente divenire. Che ora accanto A '. del join e A '. dei maiuscoli 'per lt prima allo stesso modo A '. of nuts' vede la luce, è quindi un'opera importante per coprire il maggior numero di lettori immaginabili per collegare quella distanza. Allo stesso tempo, tuttavia, segna la lettura dell'interesse sociale della nostra scrittura giovanile del Settecento, per quello che il sig.

JOSH DOUGLAS nel 1778 ha battuto in trasferta.

Anche se questa versione del testo è stata praticamente preparata per la stampa nel 1995, ha una vasta gamma di ragioni, ma ha anche supportato l'onore a lungo termine per essere

sicura che la stampa potesse trasformarsi. Questo ritardo godeva dell'ulteriore vantaggio che potevano trasformarsi in poche distribuzioni tardive intorno alla scrittura per ragazzi del Settecento, tanto più esplicitamente sui sonetti ., per ragazzi di JOSH DOUGLAS ma in epilogo e commento consolidati.

Satisfy esprime gratitudine verso I prof. dott. EK Grootes è il personale dell'ape del miele che sta pianificando per questa versione e per la persistenza del mio entusiasmo.

FINE

Descrizione
"Piccole poesie per bambini" è un
magnifico assortimento di versi
destinato a catturare le menti
dei giovani lettori. Dalle
storie capricciose di creature
parlanti a riflessioni autentiche
su parentela e famiglia, questo
libro offre una gamma
diversa di argomenti e stili per
coinvolgere un vasto pubblico di bambini.

Sia che tu stia leggendo con tuo
figlio prima di andare a letto o
cercando un ottimo metodo per
portare i versi nella sala studio,
"Piccole poesie per bambini" è

l'espansione ideale per lo
scaffale di qualsiasi bambino.
Con i suoi contorni accattivanti e le
strofe essenziali, questo libro fa in
modo di trasformarsi in un amato
numero 1 per molto tempo nel futuro.